TITELBILD: Andreas Hartl
*Blick über Watzling ins Isental, wenige
Kilometer westlich von Dorfen. Im Hintergrund die
Kirchen von Niedergeislbach und Matzbach.*

Erste Auflage 2008
Copyright © Verlag Kiebitz Buch
84137 Vilsbiburg
www.kiebitzbuch.de

ISBN 978-3-9807800-9-4

Typographie: Matthias Liesendahl

Druck: Gorenjski Tisk, Kranj, Slowenien

Nachdruck und Vervielfältigung von Texten und Bildern
nur mit Genehmigung des Verlags

Das Isental

KONZEPTION Dieter Vogel

HERAUSGEGEBEN VON Albrecht A. Gribl und Dieter Vogel

MIT BEITRÄGEN VON

Hans Braunhuber
Arthur Dittlmann
Josef Egginger
Albrecht A. Gribl
Reinold Härtel
Andreas Hartl
Hans Heyn
Benno Hubensteiner
Heinz-Rudolf Huber
Renate Just
Dietlind Klemm-Benatzky
Ulrich Klapp
Hans Kratzer
Ewald Langenscheidt
Wolfgang Lanzinger
Karen Müller-Kuhnhenn
Peter Petsch
Rita R. Rott
Gerhard Seidl
Michael Suda
Mariele Vogl-Reichenspurner
Reinhard Wanka
Angelika Zahn

Kiebitz Buch

Inhalt

17	**Das Isental** Albrecht A. Gribl
20	**The Isental** Übersetzung: Allan Auld

DER FLUSS UND DIE FLUSSLANDSCHAFT

22	**Das Isental aus geologischer Sicht** Ewald Langenscheidt
24	**Die Flusslandschaft der Isen** Rita R. Rott
31	**Raritäten der Tier- und Pflanzenwelt** Rita R. Rott
35	**Ökologische Oase Engfurt** Rita R. Rott
38	**Die Fische der Isen** Andreas Hartl

SPUREN DER GESCHICHTE
Albrecht A. Gribl

43	**Kelten, Römer und Bajuwaren**
44	**Der Isengau im Mittelalter – ein bedeutendes Herrschaftsgebiet**
46	**Zwei Schlachten und ein besonderer Krieg**
46	**Die letzte Ritterschlacht 1322**
47	**Schlacht bei Hohenlinden 1800**
49	**Der »Dorfener Bierkrieg« 1910**

MEISTERWERKE DER KUNST UND ARCHITEKTUR
Albrecht A. Gribl

51	**Schlosskirche Burgrain**
53	**Romanisches »Klein-Freising« in Isen**
54	**Spätgotik und Hochbarock in St. Wolfgang**
55	**Hochaltar der Wallfahrtskirche Mariä Himmelfahrt in Dorfen**
56	**»Vom letzten Rokoko«: Pfarrkirche Schwindkirchen** Benno Hubensteiner
57	**Schwindegg: Das Landschloss eines Hofmarksherrn**
58	**Die Wallfahrtskirche von Frauenornau**
59	**Ahnen- und Fürstensaal von Schloss Zangberg**
60	**Salmanskirchen – Eines der »rassigsten Ritterporträts«**
61	**Schloss Winhöring – Höfisches Flair über dem untersten Isental**

LEBEN UND ARBEITEN IM ISENTAL
Albrecht A. Gribl

62	**Bauernarbeit auf schweren Böden und sauren Wiesen**
63	**Wein- und Hopfenbau im Isental**
65	**Müller, Ziegler und Torfstecher**
67	**Ritte und Rennen – zur Wertschätzung des Pferdes**
68	**Leben am Fluss: Arbeit, Angst und Freude in ständigem Wechsel**
70	**Der »Motor Bahn« bringt Aufschwung und Austausch**
71	**Das Eisenbahnunglück an der Isenbrücke 1899** Reinhard Wanka
73	**Die Widerständigen vom Isental** Dietlind Klemm-Benatzky

Inhalt

WEILER, DÖRFER, MÄRKTE UND EINE STADT

80	**Schloss Burgrain** Ulrich Klapp	
82	**Isen – ein Ort an seinem Fluss** Reinold Härtel	
88	**Lengdorf** Albrecht A. Gribl	
90	**Dorfen** Wolfgang Lanzinger	
95	**Josef Martin Bauer** Wolfgang Lanzinger	
97	**Das Gymnasium Dorfen** Karen Müller-Kuhnhenn	
100	**St. Wolfgang** Peter Petsch	
105	**»… diesem Drängen schutzlos ausgeliefert«** Hans Kratzer	
106	**Johann Georg von Dillis** Hans Heyn	
108	**Schloss Schwindegg** Hans Braunhuber	
110	**Wolfgang Meier, Schlossbauer von Hofgiebing** Arthur Dittlmann	
111	**Das Bunkergelände im Mühldorfer Hart** Reinhard Wanka	
112	**Ampfing** Heinz-Rudof Huber	
118	**Zangberg** Heinz-Rudolf Huber	
120	**Mettenheim** Angelika Zahn	
122	**Erharting** Mariele Vogl-Reichenspurner	
124	**Engfurt** Mariele Vogl-Reichenspurner	
126	**Winhöring** Josef Egginger	

DAS ISENTAL ERKUNDEN

132	**Einkehren im Isengau** Renate Just
137	**Ein Fluss-Lauf** Michael Suda & Gerhard Seidl
139	**Literatur über das Isental**
141	**Die Autoren**
142	**Bildnachweis**
143	**Die Kiebitz Bücher**
144	**Register**

Zu diesem Buch

Das Isental ist nach dem Rottal- und dem Salzachbuch der dritte Titel in der Reihe der Kiebitz Bücher, der einem Nebenfluss des Inn gewidmet ist. Erstaunlich, dass seit 1978 keine nennenswerte Publikation diesem Flusstal gewidmet ist. Es ist ein kleines Gebiet mit nur einer Stadt direkt am Fluss. Wie soll man hier ein aufwändiges Buch auch wirtschaftlich zum Erfolg führen, werden sich manche Verlage vielleicht gefragt haben.

Nun ist das Isental längst nicht mehr irgendein kleines bayerisches Flusstal. Die Staatsregierung verfolgt seit vielen Jahren den Plan, die Trasse der Autobahn A 94 durch das Tal zu führen. Genauso lange leistet man im Isental dagegen Widerstand; die Isentaler trugen die Auseinandersetzung sogar bis vor den Europäischen Gerichtshof. Unsere einzigartige Flusslandschaft soll zerstört werden, sagen sie, während die Betreiber dem Isental wirtschaftlich einen »Quantensprung« verheißen. Viele auch außerhalb der Region wollen sich ein eigenes Urteil bilden und mehr erfahren über das Isental. Auch das war ein Grund für dieses Buch.

Entsprechend dem Konzept der Kiebitz Bücher wollten wir ein breit angelegtes, vielfältiges Porträt des Isentals vorlegen: in Texten und Bildern die Landschaften vorstellen, die von der Isen und ihren Nebenflüssen geprägt sind, die Menschen beschreiben, die mit dem Fluss leben und arbeiten, ihre Geschichte, ihre Kunst und Kultur, die Tiere und Pflanzen sowie die Ortschaften des Isentals. Die Leser sollten sich ein eigenes Bild vom Isental machen.

Als Autoren wollten wir die Fachleute aus dem Isental für das Projekt gewinnen. Das war gar nicht so schwer, denn es stellte sich bald heraus, dass ein solches Buch seit langem gewünscht wird; von vielen Seiten erhielten wir Anregungen und Vorschläge. Über 20 Autoren vom obersten bis ins unterste Isental, von Burgrain bis Winhöring, haben für das Buch geschrieben. Aus vielen hundert Bildern konnten wir über 150 Aufnahmen von mehr als 30 Fotografen auswählen, die die Texte illustrieren und die Besonderheit der Isentaler Region festhalten. So konnte in relativ kurzer Zeit ein Buch aus dem Isental für das Isental, seine Bewohner, Besucher und Gäste entstehen. Den Autoren und Fotografen, insbesondere auch den zahlreichen Gewährsleuten, ihnen allen, die sich den Anforderungen dieses Isental-Sammelbandes stellten und das Buch ermöglichten, gilt ein herzliches Dankeschön.

Das Resultat liegt vor Ihnen, lieber Leser. Ohne Ihrem Urteil vorgreifen zu wollen: Die Texte und Bilder beschreiben eine über weite Strecken idyllische, mit Kirchtürmen geschmückte hügelige Flusslandschaft, und das kaum 50 Kilometer vor der Metropole München. Im Herbst 2007 und Frühjahr 2008 sind wir kreuz und quer durch das Isental geradelt und gewandert. Vor allem im oberen und mittleren Isental haben wir Elemente von Lebensqualität gefunden, die in unserem dicht besiedelten Land immer seltener werden: in einer kleinräumigen, reich gegliederten Hügellandschaft, die von öden Industriebauten und Monokulturen noch verschont blieb, findet man Ruhe und Rückzugsräume mit viel unbeschädigter Natur und guter Luft. Wir sind sicher, dass viele Leser angeregt werden, sich auf den Weg zu machen und das Isental ebenfalls zu besuchen. Sich vorzustellen, dass Brückenbauwerke in Kirchturmhöhe eines Tages dieses stille Ländchen überspannen sollen, über die Tag für Tag Zehntausende Fahrzeuge hinwegdonnern, fehlt einem die Phantasie.

Mögen die Menschen im Isental das Buch als Porträt und Visitenkarte ihrer kleinen Welt betrachten. Möge es auch Außenstehenden etwas von der Einzigartigkeit der Flusslandschaft vermitteln.

Dieter Vogel   Verlag Kiebitz Buch

Die Stille des Flusses
Einer der unberührten Flussabschnitte der Isen mit der für das Tal noch typischen Stille: Raureifmorgen an der Isen bei Breitwies westlich von Dorfen.

The stillness of the river
An unspoilt section of the Isen, the stillness shown here still typical of the valley. A morning of hoar frost by the Isen near Breitwies, west of Dorfen.

Blick aus dem Heißluftballon auf ein fast ursprünglich wirkendes Isental an einem Augustmorgen östlich von Dorfen.

Das Isental westlich von Lengdorf im Streiflicht der aufgehenden Sonne. Die in der Nacht von den Talhängen in den Talgrund abgeflossene Kaltluft führt zu stabilen Luftschichten, so genannten Inversionslagen.

Die Weite des Isentals westlich von Dorfen und der Talnebel, der sich in den Kaltluftseen des Talgrundes gebildet hat, erwecken im Licht der aufgehenden Sonne den Eindruck einer unberührten Naturlandschaft.

Traumhafter Blick von Voldering aus über das Gattergebirge bis zur Alpenkette. Zaghaft ragt die Kirchturmspitze von Hampersdorf hervor.

Das Isental

Albrecht A. Gribl

Blick ins Isental
Auf halbem Weg zwischen Schwindkirchen und Wasentegernbach – Blick von der scharfen Rechtskurve am Schellenberg nach Nordwesten in das Isental.

View up the Isental valley
Half way between Schwindkirchen and Wasentegernbach – the view up the Isental from the sharp right-hand bend on Schellenberg.

Vielleicht eines der kleineren unter den wichtigen bayerischen Tälern, aber im Landkreis Erding die »längste ökologische Achse«, die Fluss und Nebenflüsse in ursprünglicher Art mäandern lässt und Biotop an Biotop reiht. Ein Tal darüber hinaus als Kulturlandschaft, wie sie altbayerisch-bodenständiger nicht sein könnte: Vom richtigen Fleck aus kann man ein Dutzend und mehr Zwiebeltürme und Spitzhelme bei ihren Dorfkirchen sehen. Beim Rundflug von Ampfing aus sieht man Höfe und Weiler mit ihrer gesprenkelten Flur, dunkel sich abzeichnende Wälder und sanft ansteigende Höhen – eine unaufgeregte, doch reich gegliederte Landschaft. Der Isentaler Menschenschlag, der Bachauen und Lehmböden, Moore und kargen Humus seit 5000 Jahren umgegraben und bebaut hat, ist gleichwohl auf der Höhe der Zeit. Man fährt heute zur Arbeit in die Städte, hat den DSL-Anschluss und Photovoltaik auf den Dächern.

Ganz langsam haben sich nomadisierende Steinzeitmenschen etwa 3000 v. Chr. flussaufwärts durch die Sümpfe und Wälder der letzten Eiszeit bis zum Oberlauf um das spätere Dorfen und Isen durchgeschlagen. Erst die Kelten, jenes älteste, seit dem 5. Jahrhundert namentlich bekannte Urvolk Mitteleuropas, nannten den Bach auf Grund seines schnellen Flusses »Isana« und »Isen«, ein Wortstamm, der auch in Isar und Eisack steckt und immer das schnell fließende Wasser meint.

Die Isen gab wiederum gut 1000 Jahre später, in bajuwarisch-frühmittelalterlicher Zeit um 750 n. Chr., dem heutigen Marktflecken Isen seinen Namen und

dem »Isengau« durch Jahrhunderte seine herrschaftliche, nicht nur die naturräumliche Bedeutung.

Weiler, Dörfer, Märkte und eine Stadt

Isen ist mit seiner Kirche zum hl. Zeno nach den schriftlichen Quellen der älteste Ort des Isentals, hart gefolgt vom nahen Bittlbach, wo der spätere Salzburger Bischof Arn auftaucht. Dann folgen wie an einer Perlenkette aufgereiht vom Unterlauf her Erharting, Mettenheim, Ampfing und Zangberg, Schwindkirchen und Schwindau im Seitental der Schwindach, Oberdorfen und Niedergeislbach auf der anderen Isen-Seite, um nur die wichtigsten und frühesten »Perlen« zu nennen.

Dorfen indessen, die einzige Stadt und damit das heutige Zentrum des Isentals, tritt als Marktgründung an der Straße von Italien nach Regensburg erst im 13. Jahrhundert in Erscheinung, wiewohl manche Dorfener gerne römische Wurzeln sähen. Der wittelsbachische Markt blühte rasch auf. Die große Handelsstraße von Süden nach Norden und die im 18. Jahrhundert mächtig auflebende Wallfahrt zur »Lieben Frau von Dorfen« brachten Gäste und Geld. Der Bau der Bahnlinie von München durch das Isental nach Mühldorf seit den 1870er Jahren sorgte für den Anschluss an die große Welt, das Jahr 1954 brachte die Stadterhebung.

Zählt Dorfen zum Oberlauf der Isen und zum Landkreis Erding, so markieren Schwindegg das mittlere und Ampfing bereits das untere, Mühldorf am Inn zugewandte Isental. Beide sind jetzt größere Landgemeinden, könnten gleichwohl unterschiedlicher nicht sein: ehedem eine der bedeutendsten altbayerischen Hofmarken mit prächtigem Wasserschloss die eine, salzburgischer Ableger der Augustiner Chorherren von Au am Inn die andere; romantisch und naturnah Schwindegg und seine hügelige Umgebung, aufstrebend mittelständisch mit Öl- und Gasfunden im breit daliegenden Isengrund Ampfing, das 6000-Einwohner-Unterzentrum. Hier oder laut jüngeren Quellen auf Mühldorfer Flur war es 1322 zur »letzten Ritterschlacht« gekommen, die rund 1000 Tote forderte.

Zum Glück gab es sonst keine großen Geschichtsereignisse mit Blutzoll für die Bevölkerung, sieht man ab vom großen Aufmarsch zur Schlacht von Hohenlinden im Jahr 1800, unter dem die Menschen um Isen und Lengdorf bis hinunter nach Ampfing wegen der Einquartierungen und umherziehenden Truppen zu leiden hatten. Ja, und der »Dorfener Bierkrieg« von 1910 sollte aus europäischer Sicht allenfalls eine humoristische Marginalie werden, aus Dorfener und altbayerischer Perspektive war er das keineswegs.

Die beiden Weltkriege gingen auch am Isental nicht spurlos vorbei: Abgesehen von den Gefallenen in den Isentalgemeinden sollte bei Mettenheim noch 1943/44 ein gigantischer Rüstungsbunker gebaut werden, dessen Ruine – ein gewaltiger Betonbogen – als Mahnmal erhalten ist.

AmVieh-Theater Schafdorn
Das Isental ist reich an idyllischen Refugien, wo man gut essen und trinken kann. Hier die Terrasse des »AmVieh-Theater« Schafdorn mit seinem barartig-modernen Glas-Holzausschank (s. S. 134).

Idyllic spots
The Isental has a wealth of idyllic spots offering excellent food and drink. Here: the terrace of the »Am-Vieh-Theater« in Schafdorn with its modern-style bar in glass and wood (see also p. 134).

Ansonsten blieb das Tun und Treiben der Bauern, Häusler und Handwerker durch die Zeiten geprägt vom rauen Alltag, von Jahreslauf und Kirchenkalender, von den Steuern für die Obrigkeit, von Taufe, Hochzeit und Tod. Handarbeit das Leben lang verband sie alle. Wenige Großbauern, Bräuer, vermögende Händler oder »Herrschaften« sah man nachmittags im Wirtshaus oder auf der Hausbank.

»... zum liebenswerten Stück Heimat«

Die Isentaler haben gewiss keine große Geschichte geschrieben, aber viele kleine – Hof-, Häuser- und Dorfgeschichten. Sie mögen ihre Überlieferungen, die Verflechtungen und Verwurzelungen der Familien, die mehr ins Landshutisch-Niederbayerische hineinragen als etwa ins Oberland und zum Chiemgau. Freilich herrschten die Herzöge von Landshut und in kurfürstlicher Zeit das dortige Rentamt über den größeren Teil des Isentals, die Freisinger Bischöfe prägten ihr »Ländchen« um Isen und Burgrain, die Grafschaft Haag in ihrem nördlichen Zipfel die Gegend um Schwindau und Schwindkirchen, die Salzburger Fürstbischöfe das untere Isental. Gleichwohl schätzen die Einheimischen besonders die böhmisch-niederbayerische Kost der Knödel und der Schmalznudeln, Schuxen und Auszog'nen, oder auch das G'selchte und das Pichelsteiner.

Eher wortkarg und eigensinnig gegenüber dem Fremden, beharrlich und treu zum Eigenen kann dieser Menschenschlag bis heute sein. Von »schweigsamer, duldsamer Liebe zu dem bescheiden schönen und unendlich liebenswerten Stück Heimat« sprach Josef Martin Bauer, der bedeutendste Literat hierzulande, 1954. Vielleicht wird man so, wenn man immer wieder gewärtigen muss, dass die Isen über die Ufer tritt, dazu das rau-feuchte Klima und die vielen Nebeltage im Talboden, während oben in Isen und auf den Höhenrücken die Sonne scheint.

Vier Quellbäche und neue Mündung

Überhaupt der Fluss und seine Nebenläufe: Er macht es uns nicht leicht, was Quelle und Mündung betrifft. Letztere wurde für den Bau der Eisenbahn nach Simbach Ende des 19. Jahrhunderts kurzerhand ein Stück nach Westen verlegt, jene gäbe es als solche gar nicht, sondern vier Quellbäche erst brächten die Isen zu Wege, sagen die einen; bei Ochsenfurt – wenigstens drei Kilometer östlich von Weiher – entspringt die Isen in einem Quelltümpel, sagt der »Wirt z' Weiher«, Franz Lanzl, und der muss es eigentlich wissen!

Aus etwa 622 m Meereshöhe fällt sie innerhalb ihrer rund 76 km langen Strecke auf 371 m, also um den Höhenunterschied von 251 m. Dabei gräbt sich die Isen auf ihrem ersten, nördlichen Wegstück bis zum Bogenende nach Osten bei Esterndorf um über 170 m in die Endmoränenhügel, während ihr Lauf durch die übrigen rund 60 km nur noch um 80 m fällt.

Und noch mit einer Besonderheit kann der Fluss in seiner West-Ost-Richtung aufwarten: Für die Geologen der ganzen Welt zieht die Isen die südostbayerische Grenze zwischen südlichem Altmoränengürtel der vorletzten, der so genannten Riss-Eiszeit und dem nördlich bis zur Donau reichenden »tertiären Hügelland«.

Die Autobahn A 94 soll nach dem Willen der bayerischen Staatsregierung von Forstinning aus über Pastetten und Lengdorf bis Ampfing just durch das Isental verlaufen. Seit 30 Jahren leisten die betroffenen Gemeinden und der Großteil ihrer Bürger erbitterten Widerstand dagegen, würde doch eine derartige Betonschneise eine intakte Landschaft und eines der letzten von Industrie und Schnellstraßen noch unberührten Flusssysteme zerstören. Angesichts der drohenden Gefahren wird vielen Talbewohnern erst bewusst, welche Werte auf dem Spiel stehen und dass es letztlich um Erhalt oder Verlust von Heimat geht.

»… Toskana Oberbayerns«
Grüntegernbach in einem Seitental der Isen. Die Kirche ist ein stattlicher Bau des 15. Jahrhunderts. Dass manche das Isental auch schon als »Toskana Oberbayerns« gesehen haben, wird beim Betrachten solcher Bilder verständlich.

»… the Tuscany of Upper Bavaria«
Grüntegernbach in a tributary valley of the Isen with a splendid church dating back to the 15th century. The picture gives some indication of why visitors have been known to refer to the Isental as »the Tuscany of Upper Bavaria«.

The Isental

Übersetzung: Allan Auld

The Isental valley is not one of the larger Bavarian valleys but it is the »longest ecological axis« in the district of Erding, its principal river and tributaries meandering freely through the landscape to create a chain of biotopes. But the valley is an impressive cultural landscape, too: there are dozens of village churches with the typical onion spires and from the air one sees a charming patchwork of hamlets and farmlands. It is a tranquil place; its people have worked the floodplains for 5,000 years yet remain very much of our times with their DSL connections and photovoltaic systems.

Around 3000 BC nomadic Stone Age inhabitants moved upstream through the swamps and forests of the last ice age to where Dorfen and Isen are now situated; only later did the Celts refer to the stream as *Isana* and *Isen* due to its fast-flowing water. In the early medieval period of the Bavarii around 750 AD, the river Isen gave its name to today's market town of Isen. With its church of St. Zeno, Isen is the most ancient dwelling of the Isental according to written sources, followed closely by nearby Bittlbach. By contrast, Dorfen – the Isental's only fully-fledged town – did not emerge until the 13th century as a market settlement along the route from Italy to Regensburg. Under the Wittelsbach dynasty the market town flourished swiftly due to its location and as a place of pilgrimage.

While Dorfen is situated at the upper reaches of the Isen and in the administrative district of Erding, Schwindegg marks the mid-section and Ampfing the lower reaches. Schwindegg and Ampfing could not

Isental bei Niedergeislbach
Blick von Süden nach Norden ins Isental bei Niedergeislbach. Hier wendet sich der Fluss in zahlreichen Windungen nach Osten. Bis Dorfen kann er dann noch frei mäandrieren.

Isental near Niedergeislbach
The northward view into the Isental near Niedergeislbach. Here the river takes a sharp eastward turn and meanders freely through a wide valley.

be more different: the first a former manorial district with a magnificent moated castle, the other a branch of the Canons Regular of St. Augustine; Schwindegg set in the idyllic beauty of its hills, Ampfing aspiring to modest economic success with oil and gas finds in the floodplains. It was here that the »last knight's battle« on German territory took place in 1322, claiming about a thousand lives. Fortunately there were no other historical events which claimed human life, apart from the gathering of troops for the battle of Hohenlinden in 1800, when the people here were forced to suffer billeting and troop movements. The »Dorfen Beer War« of 1910 was to be no more than a humorous footnote in European history – though certainly not from the locals' point of view.

But nobody can claim that the people of Isental have no history. Theirs may not be the stuff of history books but it is a rich patchwork of personal stories set in local farms, houses and villages, reflecting a fondness for lore and tradition and a fascination with family connections. To this day the people of the Isental tend to be taciturn and intractable towards outsiders, though tenaciously faithful to their own kind. The best-known literary figure of the region, Josef Martin Bauer, wrote in 1954 of their »silently enduring love of this modestly beautiful yet infinitely endearing homeland«.

And then there is the question of the source of the river: some say that there are as many as four headstreams, while Franz Lanzl, landlord of the »Wirt z' Weiher« claims that the Isen rises in a pond near Ochsenfurt at least three kilometres to the east of Weiher – and he ought to know!

For over 30 years the authorities have worked on plans to build a new section of the A 94 motorway through the Isental between Forstinning and Ampfing. But the people's deep fondness of their countryside has led them to resist the project with grim determination. The Isental is a beautiful valley, providing a home to more and more people: it should remain an attractive place to live.

Radwandern im Isental
Das obere wie das untere Isental sind mit Radwegen gut erschlossen. Manch steiler Anstieg im Hügelland wird mit schönen Ausblicken ins Tal belohnt. Hier eine Radlergruppe zwischen Kiefering und Zangberg.

Cycling
The upper and lower Isental are well served with cycle paths. Many a steep climb is rewarded with a wonderful view into the valley. The picture shows a group of cyclists near Zangberg.

Das Isental aus geologischer Sicht

Ewald Langenscheidt

Vor gut 1,8 Millionen Jahren begann das Pleistozän, das Eiszeitalter. In den Alpen entstanden Gletscher, und mit zunehmender Eismächtigkeit begannen sie sich in das Alpenvorland hinauszuschieben. Durch das heutige Inn- und Salzachtal flossen mächtige Gletscherströme in das oberbayerische Alpenvorland, die sich zusammen mit kleineren Strömen zu einem ausgedehnten Vorlandgletscher vereinigten. In den Alpen hobelten die Gletscher die Täler aus und der dabei entstandene Gesteinsschutt wurde zu einem großen Teil als Moränenablagerung nach dem Abschmelzen der Gletscher im Vorland zurückgelassen. Im Pleistozän folgten mehrere Kalt- und Warmzeiten aufeinander, in den Kaltzeiten stießen die Gletscher in das Alpenvorland hinaus. Die Maximalausdehnung der letzten Eisvorstöße werden für die Mindel-Kaltzeit auf ca. vor 450 000 Jahren, für die Riss-Kaltzeit auf vor ca. 200 000 Jahren und für die letzte Kaltzeit, die Würm-Kaltzeit, auf vor ca. 20 000 Jahren datiert, ihr Ende auf vor ca. 10 200 Jahren.

Die Gletscher der Mindel-Kaltzeit reichten mit am weitesten in das Alpenvorland hinaus, die Hinterlassenschaften noch älterer Kaltzeiten wurden von ihnen überfahren. Ähnlich weit erstreckten sich die Eismassen der Riss-Kaltzeit, südlich Erding stießen sie noch weiter nach Norden vor. Die Würm-Kaltzeit erreichte nicht mehr diese Dimensionen, hinterließ aber als jüngste Kaltzeit den die heutige Landschaft prägenden Formenschatz. Die zeitlich und räumlich gestaffelten Moränenablagerungen, die ein lebhaftes Relief aufweisen, sind die Folge davon.

Nördlich der durch die Eisvorstöße betroffenen Gebiete breitet sich bis etwa zur

Nach dem Abschmelzen der Gletscher blieben Moränenablagerungen zurück, an den Randbereichen der Eisausdehnung entstanden Seiten- und Endmoränenwälle. Vor den Eismassen breiteten sich weite Schotterflächen aus, die durch das Schmelzwasser der Gletscher geformt wurden. Im Norden erstrecken sich die Ablagerungen der Molasse bis hin zur Donau.

Geologische Übersicht zum Isental

- **Obere Süßwassermolasse** ungegliedert, Quarzrestschotter, teilw. mit Lößüberdeckung
- **Talauen, Moos**
- **Schotter**
- **Mindelmoräne oder älter** (ca. vor 450.000 J. oder älter)
- **Rißmoräne** (ca. vor 200.000 J.)
- **Würmmoräne** (ca. vor 20.000 J.) jeweils mit Moränenwällen
- **Nördliche Kalkalpen** mit vorgelagertem Flysch und Helvetikum

Donau die hügelige Landschaft der Molasse aus. Vor ca. 35 Millionen Jahren, also lange vor den pleistozänen Kaltzeiten, entstand nördlich der sich hebenden Alpen eine große Senke, die den Abtragungsschutt aus dem Gebirge aufnahm. Flüsse transportierten das Material in dieses Molassebecken, es lagerten sich Gerölle, Kiese, Sande, Tone und Mergel ab.

Zeitweise war dieses Becken vom Meer überflutet, ansonsten Festland mit Flüssen und Seen. Knapp 30 Millionen Jahre lang nahm das Molassebecken so den Abtragungsschutt aus dem aufsteigenden Gebirge auf. Auch die Entstehung der Isener und Ampfinger Sandsteine mit ihren Öl- und Gaslagerstätten fällt in diese Zeit. Da die Ablagerungen der Molasse meist unverfestigt sind, können sie leicht abgetragen werden. Weiche und flachwellige Landschaften sind die Folge.

Wie fruchtbare Böden entstanden

Teilweise überdeckt werden die Ablagerungen der Molasse von eiszeitlichen und nacheiszeitlichen Schottern, die westlich Erding und im Isartal (»Münchner Schotterebene«) und im Inntal südlich von Mühldorf und Altötting eine bedeutende Ausdehnung erreichen. Ebenso überdecken Lößablagerungen die verschiedenen Schichten und Einheiten der Molasse. Feinkörniges Material aus dem während der Eiszeiten nahezu vegetationsfreien Gletschervorland wurde vom Wind ausgeblasen und umgelagert, es bildet heute den Untergrund für fruchtbare Böden.

In ihrem überwiegend West-Ost gerichteten Verlauf zeichnet die Isen den Verlauf der Nordgrenze der Eisvorstöße der letzten Kaltzeiten gegen die Ablagerungen der Molasse nach. Zwischen Lengdorf und Schwindegg wird dies beim Blick auf die geologische Karte augenfällig. Im weiteren Talverlauf östlich Schwindegg treten die Grenzen der Moränenablagerungen gegen Süden zurück und die Isen markiert die Grenze zwischen eiszeitlichen und nacheiszeitlichen Schotterablagerungen und der Molasse im Norden. Dies ermöglicht hier der Isen, eine noch breitere Talsohle ohne scharfe Grenze zum Inntal auszubilden, in der sie in weiten Schlingen mäandrieren kann.

Ganz anders zeigt sich dagegen das obere Isental, das südlich Lengdorf in nord-südlicher Richtung verläuft. Dort hat sich die Isen in die älteren Moränenablagerungen relativ geradlinig eingeschnitten und zusammen mit ihren Seitenzuflüssen ein kleines, verzweigtes Einzugsgebiet erschlossen, das sich bis zu ihrem Quellbereich erstreckt. Die Moränenwälle aus der Riss-Kaltzeit konnte sie jedoch nicht durchdringen.

Das Isental zeigt somit in seinem Verlauf unterschiedlichen Charakter, der eng mit den geologischen Gegebenheiten und Grenzen verknüpft ist. Im südlichen Talbereich und am Oberlauf bestimmen die Auswirkungen der quartären Kaltzeiten mit ihren Hinterlassenschaften das Tal, nördlich der Isen dagegen sind es die Ablagerungen der Molasse.

Schnitt durch das Isental südlich Isen
Wie die Talformen mit Kerbtalcharakter zeigen, dürften diese Talbereiche relativ jungen Alters sein.

Unten: Talprofil östlich Dorfen
Die südliche Talflanke wird aus Moränenablagerungen aufgebaut und zeigt ein lebhaftes Relief. Die nördliche Talflanke wird dagegen von den wesentlich weicheren Landschaftsformen der Molasseablagerungen bestimmt, die auch keine so ausgeprägten Höhenunterschiede aufweisen. Zwischen beiden hat sich eine Talsohle ausgebildet, die die Isen in kleineren Flussschlingen durchzieht.

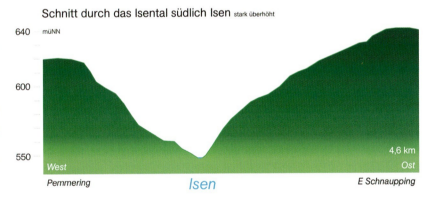

> **»Eines der schönsten Fleckchen Erde in Altbayern«**
>
> *»Die Isen prägt eine der naturbelassensten Landschaften Altbayerns«, heißt es im Lexikon Wikipedia. Auch in der Vergangenheit gerieten Einheimische wie Besucher angesichts des Isentals ins Schwärmen: »Es waren vor allem die Fruchtbarkeit des Bodens und die zu der Zeit der Landnahme hier schon vorhandenen Rodungen, welche die Gegend so sehr begehrt machten«, schrieb Georg Lohmeier 1973. Und weiter: »Das Isental, das obere zumal, mit seinen Nebentälern, der Ornau und der Goldach, galt als eines der schönsten Fleckchen Erde in Altbayern, besonders im frühen und hohen Mittelalter, als man die Alpen noch als unwirtlich und rauh eher mied als aufsuchte.« **

Die Flusslandschaft der Isen

Rita R. Rott

Bild oben: Walkersaich
Das Isental bei Walkersaich, Gemeinde Schwindegg. Die barocke Kirche St. Andreas ist von allen Seiten gut zu sehen. Früher standen hier im hohen Gras der Isenauen zahlreiche Torfhütten.

* *Georg Lohmeier, Kreuz und quer durch den Isengau, in: Josef A. Schmöger, 1200 Jahre Dorfen, 1973*

Sanfte Hügel eröffnen einen weiten Blick ins Land. Ortschaften mit bäuerlich geprägtem dörflichem Charakter umrahmen die hell gestrichenen Kirchen in ihrer Mitte; Einzelhöfe auf Anhöhen, umrahmt von grünen Wiesen, Raps-, Getreide- und Maisfeldern, stattlichen Streuobstwiesen, verstreuten Baumgruppen und Nutzwäldern. In kaum einer anderen Gegend Altbayerns sind Kulturlandschaft und Naturraum so eng miteinander verwoben wie hier – im Isental.

Das heutige Erscheinungsbild hat der Mensch geformt, der seit dem Mittelalter im Wechselspiel mit der langfristigen natürlichen Dynamik die Felder, Wiesen und Wälder der Region bewirtschaftet. Entstanden ist das abwechslungsreiche und farbenfrohe Mosaik einer bäuerlichen Kulturlandschaft. Ohne Zutun des Menschen wäre das Hügelland der Isen von dichten und hohen Laubmischwäldern bedeckt. Jetzt prägt die schnell wachsende Fichte die vom Menschen geschaffenen Nadelwälder, die ursprüngliche natürliche Vegetation hat sich in die weniger zur Nutzung geeigneten Bereiche zurückgezogen.

Das augenfälligste Element der Landschaft aber ist die Isen, die sich über fast 80 Kilometer von der Quelle bei Lacken in der Gemeinde Maitenbeth bis zur Mündung in den Inn bei Neuötting durch die Landkreise Mühldorf, Erding und Altötting zieht. Von ihren Nebenbächen wie der Lappach, dem Katzbacher Bach, der Goldach, dem Rimbach, dem Walkersaicher Mühlbach und dem Kehr-

»One of the most beautiful spots in Old Bavaria«

The Isen is set in one of the most unspoilt natural landscapes in Old Bavaria«, says Wikipedia. In the past, too, locals and visitors alike waxed lyrical: »It was the fertility of the soil and the clearings which were already here at the time of settlement which made the area so popular«, wrote Georg Lohmeier, famous Bavarian author who was born in the village of Loh near Schwindkirchen in the Isental, in 1973. He went on: »The Isental, especially the upper valley with its tributary valleys of the rivers Ornau and Goldach, was long regarded as one of the most beautiful spots in Old Bavaria, especially in the early and late Middle Ages when the Alps tended to be avoided as being bleak and inhospitable.«

The Isental valley below Walkersaich

The Isental below Walkersaich, near Schwindegg. The Baroque church of St. Andreas is a landmark and can be seen from all directions. Decades ago numerous peat huts used to stand here in the moorlands of Walkersaich.

hamer Bach gespeist, verläuft sie als fein verzweigtes Band in sich ständig verändernden Flussschleifen durch die sanft geschwungene Region.

Steiler Norden, sanft hügeliger Süden

Südlich der Isen schob der Inn-Gletscher in der letzten Eiszeit hohe Wälle auf. Sie machen sich in den extremen Steigungen bemerkbar, die den Radfahrer fordern, ihn aber auf den Anhöhen mit weiten Ausblicken ins Land belohnen. Nördlich der Isen hatte sich über Millionen von Jahren bis zum Bayerischen Wald ein Meer erstreckt, bis die sich auffaltenden Alpen das Wasser verdrängten und eine sanft hügelige Landschaft formten. Von beiden Seiten fließen der Isen Nebenbäche zu und transportieren Gestein mit sich, das sich im Flussbett vermischt.

Die Böden der Gegend schreiben diese unterschiedlichen geologischen Entstehungsgeschichten weiter. Wenn Böden entstehen, sind viele Umweltbedingungen entscheidend. Welches Klima wirkt über die Jahrtausende auf die Böden, welche Pflanzen wachsen in den ersten Krümeln Erde? Ist die Unterlage steil und kann sich deswegen Humus nicht halten? Wie wirkt der Mensch mit der Nutzung auf den Boden ein? Aus welchem Gestein formt sich der Boden? Auf den Kuppen im Norden der Isen waren das die Kiese, Sande und Tone des Urmeeres, aus denen im Lauf der Jahrtausende wasserdurchlässige, leicht humushaltige und saure Böden entstanden. Da sie schnell austrocknen, nutzten sie die Landwirte noch nie für den intensiven Ackerbau, vielmehr als Waldstandorte. Im Windschatten der Hügel aber lagerte sich während der Eiszeiten kalkhaltiger Staub ab, den die eisigen Gletscherwinde aus den südlicheren Flussbetten angeweht hatten. Wer auf diesen ertragreichen Äckern ein wenig Erde in die Hand nimmt, fühlt die ideale krümelige

Vielfältige Vegetation
Ob einjähriges Kraut, mehrjähriger Strauch oder Baum – Pflanzen, die direkt am Ufer der Isen gedeihen, sind unempfindlich gegen Nässe. Oft haben sie sich mit speziellen Atemtechniken an ihren Lebensraum angepasst.

Diverse Vegetation
Whether annual or perennial, the vegetation which flourishes directly on the banks of the Isen is resistant to moisture. It has often developed special breathing techniques to adapt to its habitat.

Beschaffenheit und beobachtet, dass der Humus diese Böden dunkelbraun färbt. Die Auböden entlang der Isen dagegen entstehen aus Sand und Ton, den die Wassermassen bei Hochwasser in einem braunen Guss über die angrenzenden Flächen schwemmen.

Auenwälder brauchen Spezialisten

Dort, in den Uferbereichen der Isen und der ihr zufließenden Bäche, sind die Umweltbedingungen sehr speziell: In die Auen wird regelmäßig feines Material angeschwemmt, so dass immer mehr als ausreichend Nährstoffe vorhanden sind – zunächst ideal für die meisten einheimischen Pflanzen. Zugleich sind die gewässernahen Bereiche bei hohen Wasserständen periodisch überschwemmt. Dann können die Pflanzen nicht mehr über ihre Wurzeln atmen, weil die Poren im Boden statt mit Luft mit Wasser gefüllt sind. Der Sauerstoff wird knapp und die Wurzeln faulen. Zusätzlich brechen die Wassermassen bei Hochwasser oft Zweige und Äste der Bäume und Sträucher ab. Diese extremen Ereignisse führten im Lauf der Jahre dazu, dass sich eine typische Auenlandschaft entwickelte, in der bestens angepasste Spezialisten den widrigen Umständen trotzen.

Oft kann man zwei Auwaldzonen unterscheiden, die fließend ineinanderübergehen. Die direkte Uferlinie ist mehrmals jährlich überflutet und bietet den idealen Raum für die Weichholzaue. Sie ist geprägt von markanten Bäumen wie der Schwarz-Erle, der Esche und teilweise auch der Silberweide, die sich in ihrer Entwicklung auf diesen Lebensraum eingestellt haben. Über Kanäle in der Rinde tauschen diese Bäume Luft aus oder speichern sie in großen, miteinander verbundenen Luftkammern im Holz. Sie verbrauchen die Luft in den Wochen und Monaten, in denen sie im Boden knapp wird. Das Holz fühlt sich schwammig und faserig an und zerbricht leichter – daher die Bezeichnung Weichhölzer.

Verletzungen an den Bäumen heilen sehr schnell, ein abgerissener Ast regt zum Ausgleich das Wurzelwachstum an, und erstaunlich schnell können Weidenäste wieder zu Bäumen generieren. Die Landwirte haben diese Baumarten als wichtige Gehilfen erkannt: Sie sichern das Ufer mit ihrem intensiven Wurzelwachstum wie keine anderen Bäume vor Erosion und festigen damit die Böschungen des Bachs.

Die höheren Niveaus der Ufer stehen seltener unter Wasser, dort formen sich die artenreicheren und geschichteten Wälder der Hartholzaue: Als Bäume stehen hier hauptsächlich Ulmen, Stiel-Eichen oder Vogel-Kirschen. Die Strauchschicht setzt sich zusammen aus Hartriegel, Weißdorn und Maulbeere, in Bodennähe gedeihen Seggen und Beinwell. Quer durch die offenen Wälder schwingt sich in mittlerer

Höhe der Hopfen als Liane. In den Waldverlichtungen zeugen Brennnessel, Mädesüß, Giersch und Nelkenwurz von der guten Nährstoffversorgung.

Eng vernetzen sich die Auwälder sowohl mit dem Fließgewässer als auch mit den angrenzenden Feldern und Wiesen, weswegen ihnen eine besondere ökologische Bedeutung zukommt. Für die Vögel aus dem offenen Land sind sie Nahrungsquelle, Rast- und Ruheplatz zugleich. Die Flussbewohner nutzen die seichten Stellen als Laichplätze und Kinderstuben. Die Isenauen sind ein außergewöhnlicher Lebensraum für eine bedrohte Tier- und Pflanzenwelt und verdienen schon als solche Schutz und Förderung.

Wo sich die Isen entfalten kann

Wie vielleicht kein anderer Fluss dieser Größe in Bayern darf die Isen zwischen Lengdorf und Dorfen ihre typische Dynamik entwickeln. Hier hat sie den Platz, den sie braucht, um sich wie ursprünglich in vielen Schleifen und Windungen durch ein breites Tal zu schlängeln. Mal gräbt sie sich ein tiefes und schmales Flussbett in den Untergrund, mal fließt sie breit und flach. Mal läuft das Ufer seicht ein und ist bewachsen, mal ist es so steil abfallend, dass sich dort nur die Kletterspezialisten unter den Pflanzen halten können. Jedes Hochwasser verändert die Isen. An einer Stelle reißt das Wasser Teile der Weichholzaue weg, um sie anderswo anzulanden. Es entstehen neue Sand- und Kiesbänke, andere lösen sich in den Wassermassen auf. Hier ist alles »im Fluss«, hier lebt die Isen. Zu Recht genießt das landschaftliche Kleinod mit der Listung als Flora-Fauna-Habitat höchsten europäischen Schutz.

Hier funktioniert die biologische »Kläranlage« Isen und sorgt für eine bemerkenswerte Wasserqualität. Denn für den Abbau der organischen Substanzen, die als Laub der Bäume, abgestorbene Gräser

Das Isental mit der Lappach bei Lindum
wenige Kilometer vor Dorfen. Hier, im Oberlauf des Flusses, kann sich der Fluss noch frei entfalten. In vielen Schleifen und Windungen schlängelt er sich durch das breite Tal im hügeligen Bauernland.

The Isental valley near Lindum
a few kilometres from Dorfen. Here in its upper reaches, the river runs freely, winding its way in convolutions through the wide valley amid hilly farmland.

Renaturierung der Goldach

Der Isentalabschnitt im Bereich der Gemeinde Schwindegg wurde in den vergangenen Jahren wieder naturnäher gestaltet. Das Thalhammer Moos zwischen Marketsmühle und Moosmühle etwa wurde durch Extensivierung der Nutzung wieder renaturiert. Im Bild die aufgeweitete Goldach von der Brücke bei Zurmühle kurz vor der Mündung in die Isen.

Renaturation

The Isental has been renaturated in the district of Schwindegg in recent years. The picture shows the widened river Goldach from the bridge near Zurmühle, shortly before it joins the Isen.

und Wurzeln, Tierkadaver oder Einschwemmungen von den Äckern ins Wasser gelangen, ist wiederum der Sauerstoffgehalt im Wasser entscheidend. Ist davon zu wenig vorhanden, kann die Fracht nicht mehr abgebaut werden, Algen und andere Wasserpflanzen wachsen übermäßig stark und der Fluss wandelt sich zu einem eutrophen (»gut genährten«) Gewässer. An den vielen flachen Stellen der Isen wirbeln unzählige Steine regelrecht Luft ins Wasser. Die Mikroorganismen – Bakterien, Algen und Pilze – arbeiten auf Hochtouren, zersetzen den Eintrag und bauen ihn in ihre eigene Körpermasse ein.

Von den naturbelassenen Auenstreifen profitieren auch die Bewohner des Isentals. Je gleitender der Übergang vom Gewässer zum Umland ist und je mehr Auwald bei Hochwasser zum Ausufern zur Verfügung steht, desto mehr Wasser lässt sich zurückhalten. Ein Fluss braucht Platz. Wenn er ihn hat, halten sich die Flutschäden in den angrenzenden Nutzflächen und Dörfern in Grenzen.

Das Ziel: naturnah von der Quelle bis zur Mündung

Im Einzugsgebiet der Isen zu wohnen, bedeutete seit jeher für die Bauern den ständigen Kampf mit den Eigenheiten der Flusslandschaft. Immer wieder begrub das Hochwasser die Felder unter einem grauen Schleier, vernichtete Teile der Ernte und das Gras ließ sich nur noch bedingt an die Tiere verfüttern. Als die Landwirtschaft in der Zeit der Weltkriege noch intensiver wurde, sollte die Isen in den anfälligen Abschnitten nicht mehr frei und ungezwungen fließen, sondern sich den Ansprüchen der Anwohner unterordnen. Beim Ausbau zählten allzu oft rein technische Vorgaben. Die nicht bearbeiteten Uferstreifen wurden immer schmäler, die Äcker und Wiesen reichen heute bisweilen direkt vor die Uferlinie, die Auwälder mussten streckenweise Hochwasserdämmen weichen. Das Ergebnis ist in einigen Abschnitten ein begradigter und kanalisierter Flusslauf mit zu kleinem Querschnitt, durchstoßene und abgetrennte Flussschleifen, erhöhte Fließgeschwindigkeit und weniger natürliche Wasserspeicherflächen. Für zahlreiche Siedlungen am Unterlauf der Isen bedeuten diese früheren Maßnahmen erst recht eine Bedrohung durch Hochwasser, immer dann, wenn die Isen mehr Platz in Anspruch nehmen muss als der Mensch ihr zugestanden hat.

Das Wasserwirtschaftsamt Rosenheim bemüht sich nun, die Isen in diesen Abschnitten unter ökologischen Gesichtspunkten umzugestalten. Ziel der Maßnahmen ist es, von der Quelle bis zur Mündung ein durchgängiges naturnahes Gewässer mit einem Mosaik an vielfältigen Kleinlebensräumen zu erhalten: Eine raue Steinrampe im Flussbett soll Bewegung ins Wasser bringen und nebenbei den Sauerstoffgehalt erhöhen. Natürliche Uferbefestigungen wie Steine und Baumstämme sollen kleinräumig für unterschiedliche Fließgeschwindigkeiten sorgen und ideale Bedingungen für Vögel, Fische, Amphibien und Pflanzen mit sehr ungleichen Ansprüchen an ihre Umgebung schaffen. In Flachwasserzonen mit Röhricht und Ufergehölzen haben Sumpfrohrsänger und Blaukehlchen einen Lebensraum, in Tiefwasserzonen an Prallhängen soll sich die Bachforelle zwischen den Erlenwurzeln verstecken können. Sand- und Kiesbänke sollen Raum bieten für perfekt angepasste Laufkäfer, und in Steilböschungen soll der Eisvogel seine Bruthöhlen anlegen.

Heimische, standortgerechte Gehölze

So hat man der Isen bei Marketsmühle (Gemeinde Schwindegg) eine abgesenkte Talaue geschaffen, in der Überschwemmungsflächen Wasser aufnehmen und längere Fließstrecken Hochwasserspitzen mindern. Der Oberboden wurde dazu abgetragen, damit die Aue wieder vernässen kann und das Grundwasser bis an die Oberfläche ansteigt. Die strenge Ufersicherung musste einem abgeflachten Ufer mit fließendem Übergang in die Aue weichen. Beim Bepflanzen achtete man strikt darauf, heimische und standortgerechte Gehölze zu verwenden, die sich gut in die restliche natürliche Vegetation einbetten. Bei Wöhrmühle (Gemeinde Dorfen) wird eine frühere Flussschleife, genannt Altwasser, wieder an die Isen angeschlossen. Bei Moosmühle (Gemeinde Schwindegg) stauen größere Steine das Wasser leicht an und leiten es in einen abgeschnittenen Altwasserarm um. Da immer mehr festes Material eingeschwemmt wird, verlanden Altwasserbereiche. Als Endstadium entsteht ein lichter Wald aus nässetoleranten Bäumen und ein dichter Seggenbewuchs. Ökologisch besonders wertvoll ist das viele Totholz, das anders als bei forstwirtschaftlich genutzten Wäldern oft liegen bleibt. Es bietet Schlupflöcher und ist zugleich für viele Tiere eine sich ständig erneuernde Nahrungsquelle – ideal vor allem für Laufkäfer und andere Insekten.

Das Drüsige Springkraut mit den leuchtend roten Blüten macht sich an den Ufern der Bäche breit. Der Name deutet darauf hin, wie sich die Pflanze mit enormem Er-

Altwasser

Altwasser sind ehemalige Bereiche des Flusses, die natürlich oder durch menschliches Nachhelfen komplett vom Fluss abgetrennt sind. Sie werden nur bei Hochwasser überflutet. Altwasserarme haben nur auf einer Seite direkten Kontakt zum Fluss. Die Blüten der See- und Teichrosen bieten Spaziergängern einen reizvollen Anblick. An den Ufern finden sich Rohrkolben und Hochstauden. Im Bild: Teichrosen bei Hinmühl.

Backwaters

These are sections of a river which have become separated from the main stream, either naturally or by human intervention. They are flooded in the event of high water. Backwaters only have direct contact with the river on one side. The picture shows spatter docks near Hinmühl.

folg ausbreitet: Nach der Reife springen die Samenklappen bei einer noch so kleinen Erschütterung auf und schleudern die Samen bis zu sieben Meter weit. Die Samen können im Wasser einige Tage unbeschadet überstehen und werden so schnell und weit verbreitet. Das Drüsige Springkraut kommt ursprünglich aus Asien und verdrängt hier aggressiv heimische Arten aus ihrem nassen Lebensraum. Auch an der Isen muss es bekämpft werden.

Europäisch bedeutsame Schutzgebiete

Entlang der Isen prägen über weite Strecken ausgedehnte Moorwiesen den Charakter der Landschaft. Sie überraschen oft mit einem leichten Schwefelgeruch, der bei Abbauprozessen im luftarmen Boden entsteht. Die Böden haben sich seit der letzten Eiszeit aufgebaut. Typisch ist der hohe Humusanteil, der sie tiefschwarz färben kann. Schöne Beispiele sind die ausgiebigen Flächen um Zangberg oder das Gaymoos (Gemeinde Mettenheim). Standortfremde Gehölze müssen von Zeit zu Zeit entfernt werden, um die Moorwiesen zu fördern und den gefährdeten Pflanzenarten die Möglichkeit zu geben, sich ungestört zu entwickeln. Eine jährliche Mahd fördert Kleinseggen, Pfeifengras und Orchideen, die sonst von aufstrebenden Konkurrenten überwuchert werden. In den wassergefüllten Mulden tummeln sich die Erdkröte, der Grasfrosch, der Berg- und Teichmolch. Ringelnatter und Wiesenbrüter lieben die Moorwiesen als ruhiges Versteck.

Etwa 800 Hektar des Isentals und der Täler der Nebenbäche sind als europäisch bedeutsames Naturschutzgebiet über die Flora-Fauna-Habitat-Listen geschützt. Hier hat der Mensch die Möglichkeit, einen wertvollen Auenabschnitt mit seinen Wäldern und Moorwiesen und einer ganz eigenen natürlichen Dynamik zu bewahren. Hier kann der Fluss noch seine eigentliche ökologische Aufgabe übernehmen, den verschiedensten Tieren und Pflanzen Raum zum Leben bieten, ihnen als Wanderstrecke dienen und so die Region zu einem zusammenhängenden Naturraum verbinden. Die Isen ist das ökologische Rückgrat dieser bäuerlichen Kulturlandschaft.

Flussheimat

Jeder, der seine Kindheit im Isental verbracht hat – ob in Lengdorf, Schwindegg oder Mettenheim – verbindet seine persönlichen Geschichten mit dem Fluss. Sie handeln von eigenhändig gefangenen Fischen, von mühevoll mit Steinen errichteten Dämmen, von kleinen Kieseseln, die man nur mit einem schwungvollen Satz erreichen konnte, von Sand und Wasser in den Schuhen. Die Erwachsenen finden bei Spaziergängen entlang der Uferwege den Ausgleich zum Alltag. Für sie alle ist die Isen erholsam und spannend, ein unersetzlicher Teil ihrer Heimat.

River Home

Anyone who has spent their childhood in the Isental – be it in Lengdorf, Schwindegg or Mettenheim – always has personal stories associated with the river. These tell of catching fish by hand, painstakingly constructing dams out of stones, gravel islands which can only be reached by means of an energetic leap, shoes filled with sand and water. Adults walk along the river banks to unwind: for everyone, the Isen is refreshing and fascinating - an irreplaceable part of their home.

Raritäten der Tier- und Pflanzenwelt

Rita R. Rott

Das Isental zeichnet sich durch vielfältig strukturierte Lebensräume wie Niedermoore, Altwasserbereiche, Auwälder und Feuchtwiesen aus. Zahlreiche deutschland- und europaweit gefährdete Tiere und Pflanzen konnten sich hier etablieren. Über 66 verschiedene Vogelarten, viele sehr individuenreich, sind im Isental nachgewiesen – darunter seltene Arten wie der buntfarbig schillernde Eisvogel, der Große Brachvogel sowie das Blaukehlchen mit der markant blauen Brust. Der Weißstorch und sein dunkler Verwandter, der Schwarzstorch, suchen in der Region nach Nahrung genauso wie der elegante Silberreiher. Auch Fische, Amphibien, Kleinsäugetiere, Libellen, Laufkäfer, Schmetterlinge und Muscheln sowie Pflanzen, die europaweiten Schutz genießen, sind mit Raritäten im Isental beheimatet.

Großes Mausohr *(Myotis Myotis)*

Der Kirchturm von Schwindkirchen ist zur Heimat besonderer Bewohner geworden. Dort finden sich seit Jahrzehnten zur Zeit der Jungenaufzucht mehrere hundert Exemplare der Fledermausart großes Mausohr *(Myotis myotis)*, die den Dachstuhl als Wochenstube benutzen.

Die Tiere sind etwa zehn Zentimeter lang und wiegen nicht mehr als 40 Gramm, ihre Flügel aber spannen sie auch mehr als 40 Zentimeter und sind damit die größten Fledermäuse, die in Deutschland vorkommen. Die an der Oberseite hellbraun und an der Unterseite gräulich gefärbten Jäger mit den langen Ohren und der breiten Nase lieben das offene, abwechslungsreiche Gelände des Isentals. Auf der Suche nach Nachtfaltern und großen Käfern

Kinderstube im Kirchturm
Mehrere hundert Exemplare des Großen Mausohrs haben ihre Kinderstube im Kirchturm der Pfarrkirche Schwindkirchen. Die Fledermausart kommt in Deutschland nur in geringer Dichte vor. Umso bedeutender ist es, die erfreulich individuenreiche Population und die Lebensbedingungen der Tiere zu schützen: ihre Sommerquartiere in Gebäuden, ihre Hangplätze und vor allem ihre unzerschnittenen Flugrouten zu den Jagdgebieten in der Region.

Nursery in the church tower
Several hundred greater mouse-eared bats raise their young in the tower of Schwindkirchen parish church. This type of bat is relatively rare in Germany, so it is important to preserve the large population by protecting its living conditions: the summer quarters in buildings, the hanging spaces and in particular maintaining clear flight routes to hunting areas in the region.

Der rührige »Holzfäller«

In ruhigen Abschnitten der Isen ist der Biber heimisch geworden, nicht immer zur Freude der Landwirte, deren Felder bis dicht an den Fluss reichen, wo der Biber Höhlen anlegt und Baumaterial ausbreitet.

The industrious lumberjack

The beaver has once again settled in calm sections of the Isen – not always to the delight of farmers whose fields stretch down close to the river where beavers build their lodges and spread out their building materials.

Die Bachmuschel

stellt hohe Ansprüche an unbelastete Gewässer und ist in Deutschland vom Aussterben bedroht. Mechanische Eingriffe sowie der Eintrag von Düngemitteln und organischen Schwebstoffen haben ihren Lebensraum schrumpfen lassen. In einigen Flussabschnitten der Isen ist die Bachmuschel noch zu finden.

The river mussel

requires very clean waters and is in danger of becoming extinct in Germany. Mechanical intervention and the use of fertilisers and organic particulates have diminished its natural habitat. The river mussel can still be found in some parts of the Isen.

durchstreifen sie die losen Baumgruppen der Kulturlandschaft zwischen Goldach und Rimbach, den älteren Nadelwald bei »Hangmaul« südlich der Goldach. Sie fliegen in mittlerer Flughöhe und entfernen sich einige Kilometer vom Quartier.

Der Biber *(Castor fiber)*

Seit 1972 kommt der Biber *(Castor fiber)* wieder in Bayern vor. Damals wurde das erste Pärchen aus Schweden importiert und am unteren Inn angesiedelt. Seither entwickelte sich der Bestand zu mehr als 5000 Tieren und hat auch die Isen erreicht. Die Tiere werden bis zu einem Meter lang und 30 Kilogramm schwer, haben ein dichtes, wärmendes Fell und den typischen platten Schwanz. Sie leben in wetterfesten Biberburgen, die oft mehrere Meter hoch sind und deren Eingänge bisweilen unter Wasser liegen. Überall, wo es tief genug zum Schwimmen und Tauchen ist, stauen die Biber mit selbst errichteten Dämmen Bäche zu Seen und regulieren so den Wasserabfluss zu ihren Gunsten.

Als Nahrung dient die Rinde von Zweigen und dünnen Ästen, von denen die Tiere, die keinen Winterschlaf halten, in den Herbstmonaten einen großen Vorrat anlegen müssen. Zitterpappeln und Weiden, aber auch andere Weichhölzer nagen die »Holzfäller« auf etwa 30 Zentimeter Höhe über dem Boden sanduhrförmig durch, bis die Bäume unter dem Gewicht der eigenen Krone zusammenbrechen. Mühevoll schleppt der Biber die gefällten Bäume bis zum Wasser, schwimmt mit ihnen zu einer strömungsfreien Stelle und lagert sie dort in einer schwimmenden Speisekammer.

Anfangs führten die eingewanderten Tiere zu Konflikten mit den Landwirten der angrenzenden Flächen: Das Baumaterial,

einzelne Äste, verteilt sich mehrere Meter in die Felder hinein und musste vor der Bewirtschaftung abgesammelt werden. Der Biber aber nutzt seinen Lebensraum nachhaltig: Im Revier lebt nur das alte Paar mit den jüngsten Nachkommen, die Jungtiere müssen abwandern. So stellt sich allmählich ein stabiles Gleichgewicht ein: Derzeit leben mehrere Biber in den ruhigen Abschnitten der Isen.

Die Bachmuschel *(Unio crassus)*

Die bräunlichen Schalen der Bachmuschel (*Unio crassus*), einer typischen Süßwassermuschel, können bis zu zehn Zentimeter lang werden. Die vordere Seite graben die Tiere in den Bachgrund ein, an der Unterseite können sie zwischen den Klappen einen Fuß herausstrecken, um sich fortzubewegen. Als Nahrung filtert die Muschel Plankton und kleine organische Schwebeteilchen aus dem Wasser.

Vor einigen Jahrzehnten war die Bachmuschel in der Isen so verbreitet, dass man den Gewässergrund teilweise vor lauter Muscheln nicht mehr sehen konnte. Damals erntete man die Muscheln mit Schaufeln und verfütterte sie an die Schweine. Heute ist die Bachmuschel, die hohe Ansprüche an unbelastete Gewässer stellt, deutschlandweit vom Aussterben bedroht, im Isental aber noch in wenigen Flussabschnitten zu finden. Ihre Lebensbedingungen haben sich jedoch in den letzten Jahrzehnten mehr und mehr verschlechtert. Mechanische Eingriffe, der Eintrag von Düngemitteln und organischen Schwebstoffen lassen die Lücken in Sand und Kies verstopfen und zehren dort für ihren Abbau vom vorhandenen Sauerstoff. Gerade Jungmuscheln ersticken deswegen regelrecht und wachsen nicht mehr hoch, die Bestände der Bachmuschel, die ein Alter von 30 Jahren erreichen können, veralten zusehends.

Hinzu kommt eine komplizierte und anfällige Fortpflanzungsweise. Das Weibchen stößt nach der Befruchtung Tausende von Muschellarven aus, die, gerade einmal den Bruchteil eines Millimeters hoch, durch das Wasser schweben. Jetzt muss ein Wirtsfisch – in Frage kommt in der Isen die Groppe, die selbst hohe Ansprüche an die Gewässergüte stellt – sie aufschnappen. In den Kiemen setzen sich die Muschellarven dann mit einem Haftfaden und einem Häkchen fest and zehren als Parasit vom Fisch. Nach wenigen Wochen fallen sie schließlich ab und wandeln sich zu Jungmuscheln, die mehrere Jahre in der Gewässersohle verbringen.

Will man die letzten Bestände der Bachmuschel im Isental sichern, muss man auch ihren Lebensraum und die geforder-

te Wasserqualität erhalten oder wiederherstellen: ein abwechslungsreiches und geschütztes Flussbett und die zur Fortpflanzung nötigen Fischarten.

Dunkler Wiesenknopf-Ameisenbläuling

Auf den wechselfeuchten und teilweise überfluteten Wiesen und Mooren nahe dem Ufer der Isen und ihrer Nebenbäche findet sich eine Schmetterlingsart, die sich ihren speziellen Lebensraum in besonderer Weise zunutze macht: der Dunkle Wiesenknopf-Ameisenbläuling (*Maculinea nausithous*).

Dunkler Wiesenknopf-Ameisenbläuling

Typische Wiesenknopfstandorte sind feuchte Gräben, in denen die Blüten so lange stehen bleiben können, bis die Raupen sich entwickelt haben. Die Tiere sind an Feuchtwiesen und Moore gebunden, innerhalb derer sie aber auch trockenere Randbereiche besiedeln können. Da die Art europaweit gefährdet ist und als Schlüsselart betrachtet werden kann, ist sie als FFH-Art eingetragen.

The dusky large blue

This species of butterfly is typically to be found in moist ditches in which flowers can remain long enough for the caterpillars to develop. They rely on marsh and moorlands where they can also settle in the drier, marginal areas. Since it is endangered throughout Europe and is regarded as a key species, it is listed in the Habitat Directive for wild flora and fauna.

Typischerweise sieht man die dunkelbraunen Weibchen und die dunkelblauen, schwarz gerandeten Männchen der Art, die ihre Flügel bis zu drei Zentimeter weiter spannen, auf den Blüten ihrer Wirtspflanze: dem Großen Wiesenknopf, einer auffälligen kleinen Staudenpflanze mit braunroten bis rostbraunen Blüten in dichten Köpfen, die sich locker über weite Flächen verteilen.

Die Blüten des Wiesenknopfes sind die einzige Nahrung der dunkelroten bis gelblichen und so perfekt an die Hintergrundfarbe angepassten Schmetterlingsraupen. Die Weibchen legen ihre Eier einzeln auf die Blüten. Sobald die Raupen geschlüpft sind, fressen sie die Blütenköpfe von innen auf, lassen sich schließlich fallen und warten am Boden, bis die Wirtsameisen sie in ihren Bau tragen.

Dort imitieren sie in perfekter Weise den Nestgeruch der Ameisen, ernähren sich über Monate von deren Brut und scheiden im Gegenzug ein zuckerhaltiges Sekret aus. Wenn sich die Raupe im Frühjahr verpuppt, verliert sie ihre Tarnung. Dann muss sie den Bau verlassen, bevor sie als Schmetterling selbst zur Beute wird. Diese Lebensweise bindet den Dunklen Wiesenknopf-Ameisenbläuling an das Vorkommen der Wirtsameisen und des Wiesenknopfes, der zumindest so lange stehen muss, bis sich die Raupen entwickelt haben. Der Rückgang des Wiesenknopfes durch die intensive Nutzung der Feuchtflächen macht den Schmetterling zu einer europaweit gefährdeten Art und die Vorkommen im Schwindegger und Thalhammer Moos entlang der Isen zu einer regionalen Besonderheit.

Kriechender Scheiberich

Die sandigen oder torfigen, zum Teil nährstoffarmen Böden und die lückig bewachsenen Stellen und Gräben der gewässernahen Tritt- und Flutrasen des Isentals sind die ideale Umgebung für den kriechenden Scheiberich (*Apium repens*). Die Pflanze ist eine Wildform des Selleries, braucht als Lichtkeimer sehr sonnige Stellen und ist daher konkurrenzschwach. Die Pflanze wird selbst von Kennern leicht übersehen, da sie nur etwa zehn Zentimeter hoch wird und oft von anderen Pflanzen überdeckt ist. Als Besonderheit prägt die Art sowohl reine Landexemplare als auch Wasserformen aus, die Gräben bis zu 60 Zentimeter tief besiedeln. Die Wasserform unterscheidet sich im Wuchs und von den Blättern her deutlich von der Landform und hat auch keine Blüte.

In den letzten Jahrzehnten sind die intakten Bestände stark zurückgegangen, und die Art ist deutschlandweit vom Aussterben bedroht und genießt hohen Schutz. Restvorkommen der Art sind in den Gräben und Feuchtwiesen des Isentals noch zu finden.

Kriechender Scheiberich (Apium repens)
In den Gräben und Feuchtwiesen des Isentals halten sich Restvorkommen des kriechenden Scheiberich – als Einzelpflanzen oder aufgrund der kriechenden Sprosse in lockeren Beständen.

Creeping Marshwort (Apium repens)
Creeping marshwort still exists in the ditches and moors of the Isental – either as individual plants or in sparse clusters.

Ökologische Oase Engfurt
Rita R. Rott

Bei der harmonisch im Flusslauf gelegenen Ortschaft Engfurt zeigt die Isen, mit welcher Kraft sie ihre Ufer bearbeiten kann. Mit einem scharfen Schwenker nach rechts und kurz darauf nach links formt sie eine U-Schleife. Am Ausgang der zweiten Biegung prallte das Wasser im Lauf der Jahrhunderte so beständig ans Ufer, dass irgendwann ein steiler Abbruch entstanden war. Die mächtige, von den Auswaschungen marmorierte Sandbank schießt 30 Meter in die Höhe. An ihrer Abbruchkante behaupten sich nur wenige, mit tiefgrünem Moos bewachsene Einzelbäume gegen das Gefälle. Die Sandbank ist in der ausgeräumten Kulturlandschaft ein für manche sehr spezialisierte Tier- und Pflanzenart lebenswichtiges Detail.

So haben einige Eisvogelpaare Engfurt als Heimat gewählt. Blitzschnell fliegen die sperlingsgroßen Vögel auf die Steilwand zu und verschwinden in den Höhlen, die sie für ihre Brut mit dem dolchartigen Schnabel in den Sand gemeißelt haben. Dort, einen halben Meter hinter dem Eingang in einer Bruthöhle, wachsen die Jungvögel heran.

In aller Frühe ertönt das durchdringende »Tieht«, und wenn die ersten Sonnenstrahlen durch die Büsche brechen, schillert der kobaltblaue Fischer wie ein Edelstein in der Sonne. Dort, wo in Engfurt Mühlbach und Isen wieder zusammenlaufen, lauert er, vom klaren Wasser her mit seinen braun-orangen Bauchfedern bestens getarnt, auf überhängenden Ästen den Stichlingen auf. Von Zeit zu Zeit stürzt er sich mit angelegten Flügeln kopfüber ins Wasser und klemmt seine Beute in den scharfrandigen Schnabel, um sie am Stück zu verschlingen. Es heißt, eine solche morgendliche Begegnung mit dem »Meerblauen«, der sich seit langem in den Roten Listen Europas findet, beschere Glück für den restlichen Tag. (zu Engfurt s. S. 124 f.) Die idyllische Isenschleife nutzen aber auch viele Grau- und Silberreiher als Rastplatz auf dem Weg in den Süden oder im Frühjahr zurück in die Brutgebiete. Flussschwalben ruhen sich auf den Kiesbänken aus oder lassen sich vom Wind über die kleine Ortschaft mit Kirchlein und den angrenzenden Häublberg tragen, Eichelhäher singen in den Büschen leise schwätzend vor sich hin. Nachts schlagen Fledermäuse ihre Haken, tagsüber ziehen sie sich in den Speicher der Mühle zurück. Und mit etwas Glück sieht man hier schon mal eine Schlingnatter schlängeln oder kann einen Kampf zwischen züngelnden Ringelnattern beobachten.

Die Pflanzenwelt wartet hier mit einer Rarität auf. An lichten, aber nicht zu stark besonnten Stellen findet sich vereinzelt der Gelbe Frauenschuh – eine wilde Orchideenart mit purpurnen Kelchblättern und einer gelben Blüte, deren bauchige Form der Blume den Namen gab. In ihr verfangen sich Insekten, die die Bestäubung übernehmen.

Dank der vielfältigen Kleinstlebensräume und der Ruhe, die seit der Stilllegung der Mühle eingekehrt ist, konnte an der Isen in Engfurt eine Oase für seltene Tiere und Pflanzen entstehen.

Der Eisvogel
lauert auf überhängenden Ästen den Stichlingen auf. Von Zeit zu Zeit stürzt er sich mit angelegten Flügeln kopfüber ins Wasser und klemmt seine Beute in den scharfrandigen Schnabel, um sie am Stück zu verschlingen.

The Kingfisher
positions itself on overhanging branches to wait for sticklebacks. From time to time it dives head first into the water, seizing its prey in its sharp beak and swallowing it whole.

**Tiere und Pflanzen –
fotografiert im Isental**

Seite 36
Links oben: Seidenreiher
Links Mitte: Nachtreiher
Links unten: Ringelnatter
Mitte oben: Blaukehlchen
Mitte Mitte: Paarungsrad
der Prachtlibelle
Mitte unten: Springfrosch

Seite 37
Links oben: Kornblumen
und Wiesen-Bocksbart
Links Mitte:
Margeritenwiese
Links unten: Märzenbecher
Rechts oben:
Schneeball (Früchte)
Rechts Mitte: Pyramidenorchis
Rechts unten: Trollblume

**Animals and plants
photographed in the Isental**

page 36
Top left: Little egret
Centre left: Night heron
Bottom left: Grass snake
Top centre: Blue-throat
Centre: The mating tandem of
the beautiful demoiselle
Bottom centre: Agile frog

page 37
Top left: Cornflowers
and meadow salsify
Centre left: Marguerits
Bottom left: Wild daffodil
Top right: Virburnum (fruits)
Centre right: Pyramidal orchid
Bottom right: Globe-flower

Die Fische der Isen

Andreas Hartl

Um die Kraft des Wassers zu nutzen und den Fluss zu bändigen, hat der Mensch die Isen umgestaltet. Trotz massiver Eingriffe in den natürlichen Flusslauf ist die Isen eines der fischartenreichsten Fließgewässer Bayerns geblieben. Noch bis ins 20. Jahrhundert ernährte die Isen sogar Berufsfischer. Der Fischreichtum von einst, als gewaltige Nasenlaichzüge die Isen von einer Uferseite zur anderen füllten, ist jedoch Geschichte.

Isana, die »schnell Fließende«, nannten die Kelten die 76 km lange Isen. Auf Grund der steilen Talhänge im Oberlauf und des starken Gefälles überflutete die Isen immer wieder das Tal. Der Flusslauf wurde zur Nutzung der Wasserkraft durch zahllose Stauwehre zerstückelt und nach 1840 durch Flussregulierung zum Hochwasserschutz in weiten Teilen seiner prächtigen Flussmäander beraubt. Der Bau vieler leistungsfähiger Kläranlagen hat die Wasserqualität für die Fische und die sonstigen Wasserlebewesen zwar deutlich verbessert, doch leiden sie immer noch unter den Folgen der nicht nachhaltigen Landwirtschaft. Die vielen Stauwehre versperren den Fischarten die Laichwanderwege und verhindern den für die langfristige Arterhaltung notwendigen Genaustausch. Wegen der vielen Weißfischarten, die sich in der Isen noch natürlich vermehren können, wurde der Fluss in den Katalog der nach Europarecht besonders zu schützenden Flusssysteme aufgenommen.

Elritzenmännchen in der Goldach

Male Eurasian minnow in the Goldach

Die Isen bildet die Grenze zwischen tertiärem Hügelland im Norden und den Endmoränen der Eiszeit im Süden, aus denen zahlreiche Nebenbäche den Fluss speisen – Rückzugsgebiete für Mühlkoppe, Elritze und Bachforelle, die in der Isen selbst nur noch im Oberlauf leben.

Leider hatte ein unsinniger Besatz mit atlantischen Aalen, die im Stromsystem der Donau und damit in der Isen nicht vorkommen, katastrophale Auswirkungen auf die Tierwelt der Isen. Jahrzehntelang wurden, staatlich subventioniert, von den Fischervereinen jährlich Zehntausende Aallarven eingesetzt, um einigen Mitgliedern das Vergnügen des nächtlichen Aalfangs zu sichern. Der nachtaktive Aal erreichte wegen fehlender natürlicher Feinde in der Isen eine unglaubliche Bestandsdichte und vernichtete fast den gesamten Bestand an Kleinfischen, Krebsen und Wasserinsekten. Erst die gewaltig gestiegenen Kosten für Besatzaale haben diese ökologische Katastrophe beendet.

Muscheln als Hühnerfutter

Mit dem Verschwinden der Aale sind die Kleinfische, Krebse und Prachtlibellen in die Isen zurückgekehrt. Aus den Quellbereichen der Isen und den Seitenbächen, die der Aal wegen ihrer sommerkalten Temperaturen mied, findet eine Wiederbesiedlung der Isen statt. Dort überlebte auch der Steinkrebs, der wegen seiner hohen Ansprüche an die Wasserqualität nur in diesem Lebensraum zu finden ist. Der Flusskrebs, der Mitte des vorigen Jahrhunderts den Speiseplan begüterter Bürger bereicherte, ist im ursprünglichen Bestand verschwunden und kehrt durch Besatzmaßnahmen zurück. Der farbenprächtige Bitterling, der sommerwarme Gewässer bevorzugt und vor allem in den Wiesenbächen und Isenaltwassern zu finden war, hat die Aalinvasion nicht überlebt. Die Muschelbänke, die einst zur Fütterung von Hühnern und Enten geplündert wurden, sind verschwunden – ohne Muscheln aber hat der Bitterling keine Zukunft; geringe Bestände der Teichmuschel, ja auch der Bachmuschel in der Isen könnten seine Rückkehr ermöglichen.

Auch der Einsatz von Pflanzenschutzmitteln in der Landwirtschaft und der zunehmende Maisanbau mit massiven Humusabschwemmungen bei Starkregen wirken sich nachteilig auf den Bestand der Weißfische und der Salmoniden aus, die überwiegend Kieslaicher sind. Bachforelle, Barbe, Nase, Aitl, Hasel, Schneider, aber auch Gründling und Schmerle benötigen zur erfolgreichen Vermehrung überströmte, saubere Kiesbänke, wo sich, vor Fressfeinden geschützt, die Eier und Fischlarven im Lückensystem des Gerölls entwickeln können. Werden nach einem Starkregen diese Kiesbänke durch eingeschwemmtes Substrat von den Ackerflächen verschlammt, gehen die Eier und die Fischlarven an Sauerstoffmangel zugrunde. Pflanzenschutzmittel schädigen zwar nicht unmittelbar die erwachsenen Fische. Sie vernichten aber wohl das Zoo- und Phytoplankton als lebenswichtige Startnahrung für die Jungfische.

Das Verhungern der Jungfischlarven bleibt zunächst unbemerkt, kein plakatives Fischsterben kündigt den drohenden Totalverlust von Fischarten an. Dramatisch war dies am Zusammenbruch der ehemals großartigen Nasenbestände der Isen zu sehen. Über Jahrzehnte gab es keine jungen Nasen mehr. Bis sich nach dem Verbot des im Maisanbau eingesetzten Pflanzenschutzmittels Atrazin plötzlich die Nasenbestände wieder erholten; kleine Laichzüge mit Nasen aller Altersklassen sind jetzt wieder zu beobachten.

Die Renaturierung der Goldach

Die Verluste durch Eisvogel, Graureiher und Silberreiher, ja sogar den Kormoran würden die Fischbestände der Isen verkraften, auch die beträchtliche Entnahme von Fischen durch die Sportfischerei, wenn die nachteiligen Veränderungen im Fluss beseitigt und die Voraussetzungen für eine natürliche Reproduktion der Arten nicht weiter verschlechtert, sondern verbessert würden. Ein erfreuliches Beispiel sind die Maßnahmen zur Renaturierung der Goldach und des Ornauer Baches im Bereich der Gemeinde Schwindegg. Die Selbstreinigungskraft dieser Gewässer wurde verbessert, und die neu geschaffenen natürlichen Hochwasserrückhalteräume nützen nicht nur den Menschen, sie sichern auch die Zukunft zahlreicher Tiere im und am Wasser.

In der Isen leben 31 Fischarten, einige nur im Unterlauf im Mündungsbereich des Inn. Allerdings sind neun Arten in der Isen nicht heimisch, sondern wurden vorsätzlich oder unbeabsichtigt durch Besatzmaßnahmen eingeschleppt. Dies sind unter anderen der Aal, die Regenbogenforelle und der Bachsaibling, aber auch Waller, Zander sowie der sich massenhaft vermehrende kleine Blaubandbärbling.

Einige Arten, die durch ihre faszinierende Fortpflanzungsstrategie oder aufopfernde Brutpflege besondere Aufmerksamkeit verdienen oder für die Isen typisch sind, werden nachfolgend vorgestellt.

Regenbogenforelle laichend

Rainbow trout spawning

DIE BACHFORELLE

Nur noch im Oberlauf der Isen und in den südlichen Seitenbächen vermehrt sich die rot getupfte Bachforelle natürlich. Auf stark überströmten Kiesbänken bauen die Forellenweibchen die Kinderstube für ihren Nachwuchs. Auf der Seite liegend verdriften sie unter Nutzung der Kraft der Wasserströmung mit der Schwanzflosse Sediment und Geröll. Der Kiesboden wird bis zu 20 cm tief aufgelockert. Es entsteht ein von sauerstoffreichem Wasser durchströmtes Lückensystem aus großen Flusskieselsteinen, in dem das Weibchen die vom Männchen zeitgleich befruchteten Eier ablegt. In den Wintermonaten schlüpfen die Bachforellenlarven mit riesigem Dottersack aus den Eiern.

DIE NASE

Wegen ihrer Ähnlichkeit mit der den herrschaftlichen Fischern vorbehaltenen richtigen Äsche wurde sie auch Bauernäsche genannt. Als Speisefisch war sie nicht sonderlich geschätzt – ihr Fleisch war zu grätenreich. Doch ihr ursprünglich massenhaftes Vorkommen war nicht nur die Nahrungsgrundlage für viele Wassertiere, die Nase versorgte auch die so genannten armen »Häuslleut« mit Eiweiß. In großen Schwärmen ziehen die Nasen zu ihren angestammten Laichplätzen, um ihre Eier an flach überströmten Kiesbänken abzulegen. Als einzige Fischart ernährt sie sich vom Algenrasen, den sie mit ihren spezialisierten Hornlippen abschabt.

DER BITTERLING

Das Bitterlingsweibchen versteckt seine Eier mit Hilfe einer langen Legeröhre in lebenden Muscheln. Diese transportieren mit ihrem Atemwasser das Sperma dcs zur Laichzeit karminrot gefärbten Männchens zu den Eiern in ihrem Kiemenraum. Wie in einem Tresor geschützt wachsen dort die Jungen heran. Sie ernähren sich von Plankton, das die Muschel mit dem Atemwasser sammelt und auf dem Weg zu ihrem Magen durch den Kiemenraum befördert. Hornartige Auswüchse am Kopf der kleinen Bitterlinge verhindern, dass sie beim Ausatmen ausgespült werden.

DIE GROPPE ODER MÜHLKOPPE

Die Mühlkoppen mit ihrer bizarren Flossenpracht leben im Quellgebiet der Isen und ihrer Nebenbäche. Ohne Kenntnis der ökologischen Zusammenhänge haben sie die Fischer als vermeintliche Laichräuber verfolgt und die Angler als Forellenköder missbraucht. Nach der Koppenhochzeit betreut das Männchen die Eier in der selbst gebauten Höhle unter großen Steinen. Nähert sich ein Fressfeind, versperrt es mit drohend aufgerissenem Maul den Zugang zur Bruthöhle. Seine riesigen Brustflossen fächeln unentwegt sauerstoffreiches Wasser zum Gelege.

DER HECHT

Der Hecht ist mit einer Länge von über einem Meter der größte Fisch der Isen. Wiesenbäche und künstliche Altwasser sind die Kinderstube. Der Laich wird an Pflanzen und Wurzeln abgelegt. Dabei werden die größeren Weibchen oft von mehreren Männchen begleitet, die sich heftige Kämpfe liefern. Die Hechtlarven heften sich in den ersten Lebenstagen mit Klebedrüsen an die Wasserpflanzen. Wenn der Lebensraum knapp ist, dezimieren sich die Junghechte durch Kannibalismus gnadenlos. Frösche, Ratten, Wasservögel und Fische bis zur halben Größe des Räubers sind vor dem Hecht nicht sicher.

DER FLUSSKREBS

Noch bis zur Mitte des vorigen Jahrhunderts war der Flusskrebs in der Isen häufig. Im Dorfener Isenfreibad machten sich die Buben einen Spaß daraus, Krebse in der Kleidung der badenden Mädchen zu verstecken, die dann laut kreischend beim Ankleiden aus ihren Holzkabinen sprangen. Die Gewässerverschmutzung und unbedachter Aalbesatz haben den Krebsbestand der Isen weitgehend vernichtet. Krebsweibchen tragen ab Oktober unter dem Hinterleib zunächst die Eier und ab März die geschlüpften Jungkrebse, die nach der ersten Häutung von der Krebsmutter aufmerksam bewacht und durch die Unterwasserwelt geführt werden. Nur im Quellbereich der Oberläufe hat der heimische Steinkrebs überlebt.

Fish life in the Isen

Mankind has refashioned the Isen over the years to harness the power of the water and bring the river under control. In spite of massive intervention in the natural course of the river, it is one of Bavaria's most diverse watercourses in terms of fish species, even providing for a fishing trade into the 20th century. However, the sight of a mass of spawning nase filling the Isen from one side to the other is a thing of the past.

Three motifs of the following fish are shown on p. 40, from top to bottom:
Brown trout
Nase
Bitterling
European bullhead
Pike
Crayfish

Spuren der Geschichte im Isental

Albrecht A. Gribl

Der »Isentaler« – gab es in ferner Vorzeit womöglich »Ureinwohner« des Isentals? Wann lebten hier die ersten Menschen? Nach den bisher bekannten Funden zu schließen war das Isental noch Jahrhunderte nach der letzten Eiszeit, der so genannten Würmeiszeit von etwa 120 000 bis 10 000 v. Chr., völlig unbesiedelt.

KELTEN, RÖMER UND BAJUWAREN

Das Tal und seine Nebenflüsse waren sumpfig und bewaldet, also für den nomadisierenden Steinzeitmenschen abweisend und unbewohnbar. Erst in der Jungsteinzeit ab etwa 3500 v. Chr. wurden die Menschen auch hier sesshaft, brachten aus den Donauländern und flussaufwärts an Isar und Inn die ersten Getreidesorten sowie Pflug und Wagen mit und fertigten Geräte aus Knochen, Horn und Stein. Früheste Zeugnisse sind Speer- und Pfeilspitzen aus der Jungsteinzeit, die man etwa auf dem Dornberg bei Erharting und südlich von Isen gefunden hat und um 3000 v. Chr. datiert.

Aus der so genannten Bronzezeit (ca. 1800–800 v. Chr.) kennen wir Hügelgräber bei Erharting und Einzelfunde wie ein Bronzemesser aus der Zeit um 1200 bei Niedergeislbach – heute in der Archäologischen Staatssammlung in München aufbewahrt.

Erst die Kelten verkörpern in ganz Mitteleuropa ab dem 5. Jahrhundert v. Chr. eine eigenständige, breit gefächerte Kultur mit befestigten Städten, Handwerkern und der Verwendung von Eisen. Keltische Viereckschanzen bei Maxing (Erharting) und Mößling sowie in Loipfing bei Isen belegen längere Aufenthalte keltischer Bevölkerung und weisen meist auf umliegende Ansiedlungen hin. Einzelne Goldmünzen, so genannte »Regenbogenschüsselchen«, wurden bei Ampfing und Wasentegernbach gefunden, und im Übrigen ist der Flussname »Isen« bekanntlich keltischen Ursprungs.

Das immer noch unerschlossene und wenig besiedelte Isental blieb auch in römischer Zeit – bis etwa 450 n. Chr. – weitgehend im Dunkel der Geschichte.

Der wohl bedeutendste Fund aus dieser Zeit wurde 1890 bei Lengdorf gemacht: ein bauchiger, 21,6 cm hoher, aus Bronze gefertigten Krug. Sein Henkel zeigt eine weibliche Maske, darunter einen sitzen-

den Panther mit Halsband und wiederum darunter den geflügelten griechischen Liebesgott Eros mit Lyra und Stab, ein Szenarium, das insgesamt auf den griechischen Weingott Dionysos hinweist. Der Krug befindet sich heute in der Archäologischen Staatssammlung München.

Die einst wichtige Römerstraße von der Provinzhauptstadt Augsburg nach dem bis heute ungedeuteten »Turum« (Ötting? Töging?) führte über Haag, Heldenstein und Ampfing an den Inn, also in etwa entlang der heutigen Bundesstraße 12. Sie

Römischer Weinkrug

Eine prachtvolle bauchige Kanne aus Bronze von 21,6 cm Höhe wurde 1890 in der Isen bei Lengdorf geborgen. Sie ist der einzige bedeutende Fund aus der Römerzeit im Isental.

Roman wine pitcher

A splendid bulging bronze pitcher measuring 21.6 cm in height (left) was found in the Isen near Lengdorf in 1890. It is the only significant Roman find in the Isental.

Das Kraiburger Mosaik

Größere Siedlungen gründeten die Römer an Flussübergängen wie in Kraiburg am Inn wenige Kilometer vom Isental entfernt. Das Kraiburger Mosaik (oben) ist einer der wertvollsten Funde aus der Römerzeit in Bayern.

The Kraiburg Mosaic

(above) is one of the most valuable findings in Bavaria dating from Roman times.

dürfte im Sollerholz bei Töging die Fernhandelsstraße von Aquilea über Salzburg nach Regensburg gekreuzt haben, wie Münzfunde ausweisen. Die dritte große Römerstraße verlief, vom Brennerpass kommend, über Rosenheim und Haag nach Regensburg und überquerte die Isen bei Dorfen.

Im 4. und 5. Jahrhundert n. Chr. fielen immer mehr Germanen in die römisch besetzten Gebiete ein. Aus der Bajuwarenzeit der folgenden Jahrhunderte kennen wir verstreute Reihengräber etwa bei Ampfing, Mettenheim und Mößling, und wieder Einzelfunde wie zweischneidige Langschwerter – so genannte »Spathen« – Kurzschwerter und Lanzenspitzen etwa bei Tegernbach und jüngst bei Kirchstetten (östlich Dorfen).

Die wenigen greifbaren Siedlungen der Bajuwaren sollten sich im 7. und 8. Jahrhundert stark vermehren, denn aus dieser Epoche stammen sehr viele der so genannten -ing-Ortsnamen – in dieser Zeit entsteht der »Isengau«.

DER ISENGAU IM MITTELALTER – EIN BEDEUTENDES HERRSCHAFTSGEBIET

Nach bisherigem Wissen haben sich die Bajuwaren, deren Herkunft immer noch nicht eindeutig geklärt ist, auf ihrer Einwanderung von Nordosten nach Süden um 530 auch im Isental niedergelassen. Im Gegensatz zur Militärmacht der Römer kamen die »Baiern« als bäuerlicher Stamm ins Land. Schon bei der Einwanderung lag die Führung des Stammes beim Herzogsgeschlecht der Agilolfinger.

Weitere bedeutende Adelsgeschlechter waren die Huosi und Fagana. Letztere siedelten zwischen Isar und Inn, und zu ihren Besitzungen gehörten zum Beispiel der Hertingau (um Erding) und der Isengau – nach Aussage mancher Gelehrter der wichtigste Gau innerhalb des Fagana-Gebiets. Der Gau erstreckte sich vom Inn zwischen Gars und nahe der Salzachmündung über das obere Rotttal bis Buchbach und Ornau-Bach, nach anderer Darstellung sogar über die niederbayerische Vils hinaus bis zur Isar.

Funde aus der jüngeren Steinzeit
Funde aus dem Neolithikum vom Vorberg bei Erharting: Sichel (in der Mitte), Schaber, Pfeil- und Dolchspitzen aus Silex belegen die Besiedlung des Isentals vor 3000 v. Chr.

Finds from the Late Stone Age
Finds from the Neolithic in the foothills near Erharting: sickle (centre), scraper, arrow and dagger tips made of flint are evidence of human settlement in the Isental around 3000 BC.

Dutzende -ing-Orte entstanden, benannt nach Sippenanführern und wichtigen Einzelpersonen. Als deren älteste gelten im heutigen Landkreis Mühldorf Ampfing und Erharting, im oberen Isental etwa Watzling und Pfaffing sowie zahlreiche Weiler und Einöden an den Hügeln um Isen. In den frühen Schenkungsurkunden treten »Isengau-Grafen« auf wie Gumbold, Orendil oder Erambert, ohne dass diesen im Einzelnen bestimmte Besitzungen oder Einflussgebiete zuzuordnen wären. Auch das bedeutende Geschlecht der Aribonen, deren Besitzungen im Donaugau und um Moosburg lagen, hatte im Isengau während des 9. und 10. Jahrhunderts maßgeblichen Einfluss, wie Franz Tyroller in seiner wichtigen Untersuchung von 1955 nachgewiesen hat.

Über die frühen Grafschaften hinaus hatte das Isental schon seit frühester Zeit mit drei mächtigen Grundherren zu tun, den Salzburger Erzbischöfen und ihrem Stützpunkt Mühldorf am Unterlauf, der Grafschaft Haag im Süden mit ihren Ausläufern bis Schwindau und Schwindkirchen und dem Bischof von Freising um Burgrain und Isen. Außerdem gewannen nach der Christianisierung Bayerns, die in unserem Gebiet um 750 als abgeschlossen gelten darf, mehrere Klöster und auswärtige Bistümer zunehmend Besitz, so etwa Gars und Au am Inn oder St. Veit (bei Neumarkt), oder aber das Regensburger Domkapitel. Sogar die Domherren von Bamberg hatten Besitz in Winhöring.

Im ausgehenden 12. Jahrhundert bildeten sich im Isengau die beiden neuen Grafschaften der Mödlinger (Nähe Aschau am Inn) und der Dornberger (nördlich Erharting) heraus. Während die Mödlinger Grafen vom Bayernherzog Heinrich dem Löwen den westlichen Isengau als Lehen erhielten, richteten sich die Burgherren auf Dornberg auf den östlichen Teil aus – wenn auch nicht lange: Dem Erzstift Salzburg als dem größten Grundherrn im mittelalterlichen Isengau fiel die Grafschaft im Vertrag von 1223/24 zu, 20 Jahre später Mödling dem Wittelsbacher Herzog. Damals war der letzte Isengauer Graf, Rapoto III., gestorben. Der alte, einheitliche Isengau zerfiel in die neuen »Landgerichte« südlich und nördlich des Inn.

Schlossturm der Haager Burg
Mittelpunkt der freien Reichsgrafschaft Haag (1245–1566) war Haag mit seiner Burg. Die Grafschaft umfasste auch die Hofmarken Schönbrunn, Armstorf, St. Wolfgang im Isengau. Etwa 15 »Marchsteine«, drei Meter hohe Steinsäulen, die das Schimmelwappen tragen, markieren noch die ehemalige Westgrenze der Grafschaft.

Haag castle tower
The focal point of the free realm of the Count of Haag (1245–1566) was the town of Haag with its castle. The realm also included the manorial territories of Schönbrunn, Armstorf and St. Wolfgang in the Isengau. Some 15 three metre high stone columns bearing the white horse arms mark the former western border of the realm.

ZWEI SCHLACHTEN UND EIN BESONDERER KRIEG

Das Isental blieb von großen Auseinandersetzungen in Kriegszeiten weitgehend verschont. Natürlich zogen immer wieder feindliche Truppen durch, und die Bevölkerung hatte unter Einquartierungen und Furageleistungen zu leiden, aber das Tal eignete sich wenig für große Aufmärsche – dazu war und ist es viel zu kleinräumig, teils sumpfig, teils hügelig und bewaldet, und außerdem führte keine wichtige Heerstraße hindurch.

Dennoch kam es im Mühldorfer Raum im 14. Jahrhundert zur »letzten Ritterschlacht auf deutschem Boden«, und fast 500 Jahre später hatte das gesamte obere Isental bis hinunter nach Rattenkirchen unter den napoleonisch-österreichischen Aufmärschen zu leiden, die sich in der Schlacht von Hohenlinden entluden. Wiederum gut 100 Jahre später kam es in ganz Altbayern und in Teilen Schwabens zu bürgerlichen Aufständen – und Dorfen sollte dabei eine berühmt-berüchtigte Rolle spielen.

Die letzte Ritterschlacht 1322

Der aufstrebende Herzog Ludwig der Bayer, der 1294–1347 regierte, wollte das seit 1255 geteilte Land wieder vereinigen. Den vom Adel ins Land gerufenen Habsburger Friedrich den Schönen hatte er 1313 blutig zurückgeschlagen. Im Jahr darauf wurde Ludwig zum deutschen König gewählt, hatte aber auf dem Weg zur Kaisermacht weiterhin mit dem habsburgischen Gegenkönig Friedrich zu rechnen. Auf beiden Seiten begann ein heftiges Aufrüsten und Bündnisschließen.

Der Habsburger war 1319 bis Regensburg vorgedrungen und rückte nun, drei Jahre später, mit seinen Verbündeten, dem König von Ungarn, dem Erzbischof von Salzburg und den Bischöfen von Passau und Lavant von Salzburg her erneut gegen Bayern bis in die Gegend von Mühldorf vor. Ludwig wusste seine drei niederbayerischen Vettern, die böhmische Ritterschaft und die Luxenburger auf seiner Seite. Sogar den Burggrafen von Nürnberg hatte er als Bündnispartner gewonnen, der sich mit seiner Hilfstruppe in der

Das Schlachtengemälde in der Schweppermannkapelle in Ampfing zeigt »die letzte Ritterschlacht auf deutschem Boden« von 1322, die laut Aventin in Ampfing ausgetragen wurde. Grabungsfunde belegen, dass die Kämpfe tatsächlich zwischen Mühldorf und Erharting stattfanden.

The battle painting in the Schweppermann Chapel in Ampfing shows the »the last knight's battle on German soil« of 1322, which according to Aventin was fought in Ampfing. Excavations have shown that fighting did occur between Mühldorf and Erharting.

Nähe der Verbündeten aufhielt. Das deutsche Königtum und die Herrschaft in Bayern standen auf dem Spiel.

Es mögen auf jeder Seite an die 6000 Mann mit Reitern in Stellung gewesen sein, als Ludwig seinem Gegner Friedrich auf den 28. September 1322 vor Mühldorf die Schlacht ansagte. Nach einer Frühmesse in beiden Lagern brach das Hauen und Stechen los – Feuerwaffen kamen erst 20 Jahre später auf. Unmittelbar südlich der Isen und – wie man heute auf Grund der unten abgebildeten Funde weiß – zu Füßen der Burg von Dornberg bei Erharting bis hinüber nach Frixing und Maxing tobte der Nahkampf von Reitern und Fußvolk. Als schließlich Ludwig der Bayer die etwas abseits lagernden Reitertruppen des Nürnberger Burggrafen herbeirief, musste sich König Friedrich der Schöne ergeben und in die Gefangenschaft abführen lassen. Gegen drei Uhr nachmittags, so berichten die Chronisten, sei der Kampf beendet gewesen, 1000 bis 1100 Tote blieben auf dem Feld, Tausende Verwundete schleppten sich mühsam vom Schauplatz der Schlacht.

Für die Reichs- und Landesgeschichte war der Sieg Ludwigs bei Mühldorf »eine Entscheidung ersten Ranges« (Max Spindler im Handbuch der bayerischen Geschichte), nicht nur, weil Ludwig damit die Kaiserkrone erringen (1328), sondern auch für lange Zeit dem Land Frieden geben konnte.

Hatte der Kampf auch nur einen knappen Tag gedauert, so beschäftigt die Frage des Austragungsortes bis heute die Gemüter. Wenn Ampfing seit Aventin die Überlieferung auf seiner Seite hat, die von der »Schlacht bei Ampfing« spricht, so sind es in Mühldorf die Historiker, die auf den Vermerk »pey Muldorff« pochen. Recht hat keiner der beiden, denn alle Funde von Waffenteilen und Reiterutensilien verweisen mittlerweile auf die Hänge und Felder an der Isen westlich Erharting.

Die Schlacht von Hohenlinden 1800

Zweifellos würde das Isental, märchenhaft befragt nach seinen größten Schicksalen, neben der Ritterschlacht von Mühldorf die Schlacht von Hohenlinden nen-

Lesefunde
Zweischneidige Dolchklinge und eine Streitaxt (Schlagwaffe), die Herbert Matejka aus Erharting auf dem Acker Totenpoint westlich von Erharting, einem Teil des Schlachtfeldes von 1322, aufspürte. Auf demselben Acker wurden Hunderte von Pfeil- und Armbrustspitzen sowie Pferdezähne gefunden, die auf die Kämpfe verweisen.

Excavation finds
Double-bladed daggers and a battle axe found by Herbert Matejka in the Totenpoint area west of Erharting, part of the battlefield of 1322. Hundreds of arrow and crossbow tips as well as horse teeth were also found in this area.

Das Diorama »Schlacht von Hohenlinden« ist seit 2007 im Museum der Volksschule Hohenlinden zu sehen. Im Bild der Blick von Neustockach nach Hohenlinden, im Hintergrund die alte Kirche und das Gasthaus zur Post. Ganz hinten die Kirche von Kronacker. Vorne links die Stellungen der Franzosen, rechts am Wald die Österreicher bereits auf dem Rückzug.

The diorama »Battle of Hohenlinden« has been on view in the museum of the Volksschule Hohenlinden since 2007.

nen, wiewohl Ort und Gemeinde bereits jenseits der Hügel des Quellgebiets der Isen liegen und in die flache Schotterebene der Isar hinüberschauen. Die Truppenbewegungen der vereinigten Österreicher und Bayern, kurz der »Kaiserlichen«, und jene der Franzosen erschütterten seit 1799 auch das ganze Isental bis hinunter nach Ampfing, bevor es am 3. Dezember des Jahres 1800 zur Schlacht kam.

Die »Schlacht von Hohenlinden« ging in alle deutschsprachigen Geschichtsbücher ein und gilt infolge der Niederlage der Kaiserlichen mit anschließendem Frieden von Lunéville als Signal für den endgültigen Verlust der linksrheinischen deutschen Gebiete, welcher die Säkularisation von 1802/03 und mithin die Neuordnung ganz Mitteleuropas auslösen sollte.

Die französische Rheinarmee war unter General Moreau Ende Juni 1800 bis nach München vorgedrungen, dann bis zum Inn, die Österreicher und Bayern waren zurückgewichen. Nach kurzem Waffenstillstand marschierten die Franzosen von ihren Quartieren in Schwaben, Württemberg und Franken mit an die 100 000 Mann und 18 000 Reitern erneut in Altbayern ein. Es kam zu verschiedenen Gefechten, so auch am 1. Dezember bei Rattenkirchen östlich des Ornautals, denn ein Teil der österreichisch-bayerischen Armee lag in der Ampfinger Ebene. Die Militärkarten zeigen im Raum Hohenlinden Aufmärsche aus dem Isental von Lengdorf über Bittlbach und Buch oder durch den Großhaager Forst entlang der Münchner Chaussee, andere Einheiten stießen schon bei Isen auf den Feind.

Die Kämpfe selber mit über 7000 Toten und Verwundeten mögen hier übergangen werden. Seit A. Schleifer (Die Schlacht bei Hohenlinden am 3. Dezember 1800 und die vorausgegangenen Heeresbewegungen, Erding 1885) sind sie immer wieder beschrieben worden, so etwa von Wolfgang Schierl in seiner »Chronik der Gemeinde Hohenlinden« 1976.

Das Isental jedenfalls, seine Dörfer und Bewohner waren direkt und indirekt von dieser gewaltigen, annähernd zweijährigen militärischen Aktion betroffen. Wie viele der zusammen an die 200 000 Mann in diesen beiden Jahren im Isental in Häu-

sern einquartiert waren, in Zelten lagerten, Transporte und militärische Bewegungen durchführten, weiß niemand zu beantworten. Wie viel Vieh und welche Mengen an Nahrungsmitteln die betroffene Bevölkerung herausgeben musste bzw. ihr geraubt wurde, welchen Übergriffen sie ausgesetzt war, wie viele Häuser, Ställe und Scheunen in Flammen aufgingen und wie die Menschen während solcher Bedrängnisse ihr Leben fristeten, kann man nur erahnen. Ludwig Heilmaier hat in seiner Untersuchung zur freisingischen Herrschaft Burgrain von 1911 zahlreiche erschütternde Beispiele nachgewiesen.

Die Menschen im Isental atmeten auf, als die Schwarzpulverschwaden verraucht und die vernichtend geschlagenen Österreicher teils über die Straße nach Haag und durch den Ebersberger Forst, teils über Burgrain, Lengdorf und Dorfen abgezogen waren.

Der »Dorfener Bierkrieg« 1910

Der »bayerische Bierkrieg« kam 1910 in Dorfen zu einem unrühmlichen, wenn auch im Nachhinein humoristisch verklärten Höhepunkt: Der Bierpreis sollte um zwei Pfennig erhöht werden – viel Geld bei einem Maßpreis von 18 bis 20 Pfennig, und deshalb kam es im ganzen Land zum Aufruhr, wie schon im Jahr 1844 und wiederholt in den nächsten Jahrzehnten. Jedes Mal gingen Wirtshauseinrichtungen zu Bruch, es gab Handgreiflichkeiten mit der Polizei, Straßenschlachten und vereinzelt sogar Tote.

Als im heißen Sommer 1910 die Bierstreiks in vielen Orten bis ins Allgäu und ins ehemals bayerische Innviertel nichts mehr halfen, kochte die Volksseele. Brände loderten auf, in Markt Schwaben, dann in Dorfen: Zuerst wurde beim »Jakobmayer« angezündet, einer Wirtschaft der Brauerei Bachmayer, dann bei der »Soafa«, die dem Wailtl-Bräu gehörte. Die beiden Gasthäuser gingen in Flammen auf und mit ihnen fünf benachbarte Handwerkerhäuser.

16 Feuerwehren konnten – oder wollten – die Brände nicht löschen, die zusammenströmende Menge fluchte auf Brauer, Wirte und Obrigkeit und verschaffte sich Zugang zu den Bierfässern; Amtsrichter und Bürgermeister telefonierten mit München, das Chaos war perfekt. Verhaftungen folgten, 150 Zeugen und Angeklagte lud das Gericht nach München, 17 Hauptangeklagten wurde schließlich der Prozess gemacht. 14 von ihnen wurden zu Haftstrafen zwischen einer Woche und 15 Monaten verurteilt. Der Bierpreis aber wurde erhöht – schon im November/Dezember desselben Jahres, dieses Mal still und vorsichtig.

Der Dorfener Bierkrieg
Im Sommer 1910 wurde bei gewaltsamen Protesten gegen die geplante Bierpreiserhöhung das Gasthaus Jakobmayer vollständig niedergebrannt.

The Dorfen Beer War
In the summer of 1910 violent protest broke out against planned increases in beer prices: the Gasthaus Jakobmayer was razed to the ground.

Der kleine Markt Dorfen mit seinen rund 2000 Leuten hat mit seinem Bierkrieg für Schlagzeilen gesorgt – bis weit nach Niederbayern hinein und nach Augsburg hinüber. Ja sogar der »Figaro« in Paris soll von diesem »Krieg« berichtet haben, und vom späteren Bürgermeister Erhard wird überliefert, dass ihn unmittelbar nach dem Ende des Zweiten Weltkriegs ein in Dorfen stationierter amerikanischer Soldat gefragt habe, ob das hier jener Ort sei, der durch den Bierkrieg 1910 so »famous« geworden sei.

Meisterwerke der Kunst und Architektur

Albrecht A. Gribl

Das Isental ist reich an Monumenten der Kunst, ob es sich um Einzelkunstwerke, Ensembles und Kirchenausstattungen, in sich stimmige Gesamtkunstwerke wie Kirchen mit ihren Einrichtungen oder auch um repräsentative Architekturen wie Adelssitze und Klosteranlagen handelt. Die Dorfkirchen und Bauernkapellen hat niemand gezählt. Ihre Kirchtürme, vom gotischen Spitzhelm über die Zwiebel bis hin zur verspielten Rokokohaube, beherrschen bis heute das Bild der Landschaft und Orte. Oft beherbergen sie kostbare Einrichtungen aus verschiedenen Stilepochen, vielfach auch einfache, bis ins Naive gehende, aber ausdrucksstarke Handwerkskunst etwa der Heiligendarstellung oder der Deckenmalerei. Nachfolgend werden besuchenswerte und besuchbare Kostbarkeiten der Kunst des Isentals auf einer geistigen Spazierfahrt von der Quelle zur Mündung vorgestellt.

Späte Gotik in St. Wolfgang
Bild links: St. Anna Selbdritt, spätgotische Schnitzgruppe in der Pfarr- und Wallfahrtskirche St. Wolfgang (um 1510).

Late Gothic sculpture
Picture left: The Virgin and Child with St. Anne, late Gothic carving in the parish and pilgrimage church of St. Wolfgang (around 1510).

Die Schlosskapelle Burgrain
mit ihrem schmalen, strahlend weißen Turm (unten).

Burgrain chapel
bottom: Burgrain chapel with its slender tower in radiant white.

SCHLOSSKIRCHE BURGRAIN

Ob man sich der Ortschaft Burgrain vom Markt Isen her nähert oder von der Anhöhe von Mittbach: Als Erstes grüßt der weiß strahlende, schmale Turm der Schlosskirche mit seinem charakteristisch gedrückten Helm, bevor man die stolze Burganlage auf dem Sporn über der jungen Isen gewahr wird.

Nach dem Aufstieg über eine schlichte Treppe betritt man die Kirche durch eine unscheinbare seitliche Holztür – und ist überrascht: Ein lichterfüllter Raum dehnt sich vor dem Eintretenden aus, zart gefasster, reicher Stuck gliedert die Wände und Deckenfelder, gegenüber in der Südwand hinter hoch liegenden Bogenöffnungen ein Oratoriengang, im gestaffelten Chor drei Altäre, jubilierende Stuckengelchen im betörend festlichen Spätbarock.

Der letzte große Freisinger Barockfürst Johann Franz Ecker hatte als Hausherr für den Umbau der gotischen Burg zum höfischen Schloss gesorgt und die Kirche in der heutigen Gestalt zwischen 1719 und 1723 erbauen und einrichten lassen. Drei Besonderheiten in diesem weitgehend unbekannten Kleinod seien hervorgehoben. Wenn man die Augen über das Deckengemälde des Langhauses schweifen lässt, entdeckt man neben der Darstellung der *Maria Immaculata* und der Freisinger Patrone rechts unten eine Ansicht des Freisinger Dombergs und der brennenden Stadt. Diese Darstellung verweist auf das so genannte »Lantpert-Wunder«,

wonach der hl. Lantpert, ein Freisinger Regionalheiliger aus dem Grafengeschlecht der Ebersberger, die Einäscherung des Domes beim Magyaren-Sturm im Jahr 955 verhinderte. Während die Stadt bereits brannte, soll sein inständiges

Gebet um eine Nebelwolke, die den Domberg für die Angreifer unsichtbar machen sollte, erhört worden sein.

Eine zweite Besonderheit enthält der rechte Seitenaltar. Über einem prunkvollen Reliqienschrein zeigt das Altarbild des berühmten Münchner Malers Johann Caspar Sing von 1723, wie die heilig gesprochene Kaiserin Kunigunde bei einem Gottesurteil über glühende Pflugscharen schreitet. Der Legende nach soll Kunigunde, die Gemahlin des späteren Kaisers Heinrich II., unbeschadet über die zum Glühen gebrachten Pflugscharen geschritten sein, wodurch ihre Unschuld bewiesen war, die Heinrich angezweifelt hatte. Aus der lateinischen Altarinschrift geht der Grund für das Auftauchen der Kaiserin im abgelegenen Burgrain hervor. Ihr als der Nutznießerin dieses Ortes (*usufructuariae huius loci*) sei der Altar geweiht. Tatsächlich hatte der Freisinger Bischof Egilbert im 11. Jahrhundert Kunigunde die Fronhöfe Isen und Burgrain zur Nutznießung übertragen.

Schließlich das intim wirkende Oratorium am Ende des erwähnten südseitigen Gangs: Von den Fenstern aus hatte der Fürstbischof, dem allein dieser stille Gebetsplatz gehörte, einen freien Blick auf den Hochaltar in der Chorapsis, der in großer Bewegung den Kirchenpatron St. Georg zu Pferd zeigt und wiederum von J. C. Sing stammt. Vielleicht auch mochte der Fürstbischof trotz aller Andacht gerne den einen oder anderen Blick der Heiligen im Altarauszug schenken: Ganz beschwingt wendet sich die jugendlichschöne hl. Katharina der Fürstenloge zu.

Die Schlosskapelle ist heute eine Filialkirche des Pfarrverbands Isen; den in der Nähe wohnenden Mesner kann man jederzeit um den Schlüssel bitten.

Lichterfüllter Raum
Die Schlosskapelle innen: zart gefasster, reicher Stuck gliedert Wände und Deckenfelder, im gestaffelten Chor drei Altäre, jubilierende Stuckengelchen im betörend festlichen Spätbarock.

Light-flooded space
The inside of the chapel: delicately worked, rich stucco decorates the walls and ceilings, there are three altars in the choir, with rejoicing stucco cherubs in beguilingly festive late Baroque style.

ROMANISCHES »KLEIN-FREISING« IN ISEN

Nicht nur die rundbogigen Doppel-Schallöffnungen des markanten Spitzhelmturmes von Sankt Zeno in Isen verraten schon von weitem die romanische Entstehungszeit der ursprünglichen Stiftskirche. Eine mächtige Pfeilerbasilika aus der Zeit um 1200, dem Freisinger Dom nachgebaut, verbirgt sich hinter den vergrößerten Fenstern und unter dem barocken Kleid des Innenraumes – wie wiederum auch im Dom von Freising. Zwei Architekturelemente indessen blieben in ihrer ursprünglichen Gestalt erhalten: das romanische Portal und die romanische Krypta.

Letztere ist das Herzstück der einstigen Stiftskirche und nimmt in ihrer Dreischiffigkeit die volle Größe des darüberliegenden Chores ein. Dessen ganze Wucht fangen die rhythmischen Kreuzgratgewölbe und die kurzen Rundsäulen in der hinteren, westlichen Hälfte sowie Viereckpfeiler in der vorderen, einige Stufen höheren östlichen Hälfte ab. Kein Lärm dringt bis hierher vor, nur spärliches Ostfensterlicht taucht den Sakralraum in diffuses, mystisches Dunkel.

Im Gegensatz dazu empfängt das schmuckreiche Westportal – seit der Spätgotik geschützt durch eine Vorhalle – seit Jahrhunderten den Kirchenbesucher. Tief nach innen gestaffelt setzen sich schlanke Rundsäulen im Wechsel mit abgefasten Quadersteinen förmlich über den Blatt- und Figurenkapitellen fort und schlagen einen Rundbogen, in dessen zentralem Tympanon Christus auf einem löwenfüßigen Thron sitzt. Seine Füße ruhen auf den Nacken eines Löwen und eines Drachen. Die ganze Szene verkündet in ihrer bildhaften Auslegung von Psalm 90 Vers 13 den Sieg Gottes über »Schlangen und Basilisken, Löwen und Drachen«. Über dem Relief nennt eine lateinische Umschrift Propst Ulrich (1180–1212) als den Stifter des Portals.

Die Kapitelle sind einen genaueren Blick wert. Jedes zweite zeigt eine menschliche Figur, grotesk verfremdet und in heftiger Bewegung. Links außen wird uns der Meineidige vorgestellt, der sich mit beiden Händen in den Bart greift, daneben die Lustbarkeit in Person einer leichtgeschürzten Tänzerin, rechts folgt der Dieb oder Lügner, der als Entehrter seine Nase eingebüßt hat und schließlich starrt uns der »Zauberer und Teufelsdiener« an, ein wilder Mann mit ausgerissenen Bäumen – allesamt Sünder, die vor das Gotteshaus verbannt sind und den eintretenden Gläubigen ausdrucksstark wenn auch still mahnen sollen.

Romanisches Westportal
Das figurenreiche romanische Westportal (u.a. Würfelkapitelle mit Blattschmuck und figürlichen Darstellungen), zeigt im Tympanon Christus als Weltenrichter, auf Löwe und Drachen thronend.

Romanesque Porch
The tympanum of the richly figured west porch (including cushion capitals with leaf decoration) shows Christ as Judge of the World, enthroned on a lion and dragon.

SPÄTGOTIK UND HOCHBAROCK IN ST. WOLFGANG

Der Kreuzaltar
an der Südwand des Seitenschiffes von St. Wolfgang, ein vielfiguriges, gefasstes Holzrelief der Kreuzigung, dürfte um 1490 entstanden sein. Es ist umrahmt von einem hochbarocken Altaraufbau von 1690 und zeigt, wie die Lanze des Longinus Christus in die Brust fährt.

The cross altar
on the south wall of the side aisle of St. Wolfgang, a mounted, multi-figured wood relief of the crucifixion probably dating back to 1490. It is framed by an altar composition of 1690 and shows Longinus thrusting a lance into Jesus' breast.

Von Isen aus führt ein kleiner Abstecher nach St. Wolfgang im Seitental der Goldach, vorbei an der Remigius-Kirche von Lappach, die eine eigene Würdigung wert wäre. Auch bei der ehemaligen Wallfahrts-, Stifts- und heutigen Pfarrkirche von St. Wolfgang – in jeglicher Hinsicht ein kunsthistorisches Juwel – konzentrieren wir uns auf ein Meisterwerk, dessen Schöpfer bis heute nicht identifiziert ist, auf den »Kreuzaltar« gleich hinter dem Haupteingang rechts.

»Von prickelndem Reiz« und »außergewöhnlich gut« sprechen die Einschätzungen in der Kunstliteratur, und die Kombination von monumentalem spätgotischem Altarbild (Höhe ca. 3 m, Breite ca. 2,50 m) mit hochbarockem Altaraufbau um 1690 kann in jeder Hinsicht als harmonisch und gelungen gelten. Die doppelt gedrehten Säulen zu beiden Seiten werden außen begleitet von luftigem, goldgefasstem Ohrmuschelwerk, auf der Leuchterbank rahmen prächtige Maibüsche eine Skulptur der »Schmerzhaften Muttergottes vom Herzogspital« in München, signiert vom Münchner Bildhauer Johann Baptist Straub 1777. Den oberen Abschluss der schwarz- und goldgefassten Altararchitektur bildet ein kräftiger Sprenggiebel mit dem hl. Florian.

Das Altarbild selber (s. Abb.) zieht alle Register der darstellenden Kunst kurz vor 1500. Als gefasstes Holzrelief angelegt, treten die drei Hauptfiguren des gekreuzigten Christus und der beiden Schächer zur Rechten und zur Linken als Vollplastiken vor dem gemalten Hintergrund einer Berglandschaft mit Kirchen hervor, während das vielfigurige Volk zu Füßen der Szene als Relief ausgeführt ist. In lebhaftem Disput schauen Geharnischte, Edle zu Pferd und einfache Leute, um die trauernden Marien und Apostel Johannes gruppiert, gestenreich nach oben, wo gerade die Lanze des Longinus Christus in die Brust fährt. Der riesige Sonnenball im Hintergrund hat sich bereits verfinstert, Wolkenfetzen hängen am düsteren Himmel, dann aber wie zum versöhnenden Ende lässt der unbekannte Künstler das dunkle Firmament in einen goldenen Baldachinvorhang übergehen, in dem vier kleinfigurige Propheten erscheinen. Sie wollen zum Ausdruck bringen, dass das alles ja geweissagt worden sei und schon seine Richtigkeit habe. Schauriges und Tröstliches also hat der Künstler seinen Zeitgenossen bildhaft zu sagen verstanden.

HOCHALTAR DER WALLFAHRTSKIRCHE MARIÄ HIMMELFAHRT IN DORFEN

Als nach Dorfen jährlich an die 100 000 Wallfahrer und noch mehr kamen, bestellte der Motor der Wallfahrt, der rührige Pfarrer Joseph Sailler, bei den berühmten Brüdern Asam einen »Überschlag« für den neuen Hauptaltar, also einen Entwurf mit Kostenschätzung.

Die erhalten gebliebene, fein lavierte Zeichnung Egid Quirin Asams aus dem Jahr 1728 war die wichtigste Vorlage für die Rekonstruktion des eindrucksvollen Gesamtkunstwerks »Asamaltar« in den 1960er Jahren unter Pfarrer Hermann Eigner, denn die Asam'sche Ausführung von 1740/49 war im Zuge der stilistischen Rückschau auf frühere Zeiten 1868 durch einen neugotischen Altar ersetzt worden. Seit 1971 ist das neue/alte Schaustück der ehemaligen Wallfahrtskirche zu bewundern. Beim Anblick des Hochaltars, erst recht an einem sonnigen Tag, wird der Betrachter geradezu geblendet von dem goldfunkelnden Szenario aus Tabernakelzone, Assistenzfiguren – Papst Sylvester und Bischof Rupert von Salzburg außen, die »Rosenkranzheiligen« Dominikus und Katharina von Siena innen –, Säulenaufbau und Himmelsgloriole aus schier unzähligen Putten und Engeln, die geschäftig und mit vereinten Kräften die übergroße Krone herabsenken, hin zur Mitte des Altars, dem spätgotischen Gnadenbild »Unserer Lieben Frau zu Dorfen« mit dem Jesusknaben auf dem Schoß.

Vielleicht wäre Egid Quirin Asam nicht ganz mit der prunkenden Gesamtwirkung des jetzigen Werkes des Münchner Architekten Erwin Schleich einverstanden, droht doch die Gottesmutter im Verhältnis zu ihrem überschwänglich inszenierten »Hofstaat« unterzugehen. Asams Auffassung von der »apokalyptischen Madonna« mit Mondsichel und Schlange, die in ihrem Drachenmaul den Apfel der Sünde Evas hält, ist jedenfalls nicht mehr zu erkennen.

Gesamtkunstwerk »Asamaltar« Maria Dorfen
A drawing by Egid Quirin Asam of 1728 provided the basis for the reconstruction of the high altar in the pilgrimage church Maria Dorfen, which was replaced in 1740/49 by a neo-Gothic altar. The miraculous image »To Our Dear Lady of Dorfen« with the Christ child is late Gothic (around 1470).

Vom letzten Rokoko …
Benno Hubensteiner

Benno Hubensteiner
war ein intimer Kenner und Liebhaber des Isentals. »Vom letzten Rokoko…« wurde 1959 in »Das Mühlrad« veröffentlicht.

Pfarrkirche Schwindkirchen
Das große Langhausgemälde von Schwindkirchen gilt als das figurenreichste Bild, das der berühmte Münchner Hofmaler Christian Wink 1784 hinterlassen hat.

Schwindkirchen parish church
The large nave painting of Schwindkirchen dating from 1784 is regarded as the most densely figured painting by the famous Munich court painter Christian Wink.

Nicht zufällig ist der Baumeister von Schwindkirchen der späteste unserer Rokoko-Meister gewesen: jener Leonhard Matthäus Giessl aus München, der als der eigentliche Nachfahr des großen Johann Michael Fischer gelten darf. Schwindkirchen war Giessls letzter Bau. Die Ausführung selber blieb dem Neumarkter Maurermeister Wolfgang Huber überlassen. Als Stukkateur arbeitete Franz Xaver Feichtmayer aus der bekannten Wessobrunner Künstlerfamilie, als Bildschnitzer Christian Jorhan, der führende Landshuter Rokoko-Bildhauer; die Altaraufbauten aber stammen von dem Dorfener Kistler Anton Fackler, der als Altarschreiner einst weitum gesucht war. Und doch scheinen Raum und Altarausstattung nur berechnet zu sein, den Eindruck der gewaltigen Deckenbilder zu steigern. Hatte man ja 1784 für 1000 Gulden gar den berühmten Münchner Hofmaler Christian Wink nach Schwindkirchen gezogen, der dann in der kurzen Zeit eines Sommers und eines Herbstes die siebzehn großen und kleinen Fresken hingestrichen hat. Das Gotteshaus musste ihm dazu nicht nur Gerüst, Kalk und Sand stellen, sondern auch einen Maurer und eigenen Tagwerker …

Dafür gilt jetzt das große Langhausgemälde von Schwindkirchen als eines der Hauptwerke Winks, ja überhaupt als das figurenreichste Bild, das er je geschaffen hat. Der Feichtmayer-Engel über dem Triumphbogen wirft dem Maler das Thema zu:
Exaltata est super chores angelorum – Sie ist erhöhet worden über die Chöre der Engel. Und so bricht über uns der Himmel auf und in strahlender Glorie vollzieht sich die Krönung Mariä; dann folgen in lichthellem Ring die Jubelchöre der Engel, schließlich herunten auf den Wolkenbänken die Heiligen alle …

SCHWINDEGG: DAS LANDSCHLOSS EINES HOFMARKSHERRN

Auf der kleinen Kunstfahrt durch das Isental kommt man nicht an Schwindegg vorbei, ohne auf die mächtigen Zwiebeln des Schlosses aufmerksam zu werden. Wenngleich die neue Umgehungsstraße den näheren Anblick zu verwehren scheint und das Schloss seit den 1980er Jahren Wohnungseigentümern gehört, lohnt sich selbst ein Spaziergang in der großzügigen Parkanlage.

Da liegt es in all seiner noblen, ebenmäßigen Schönheit vor uns: Vier massige Achtecktürme mit ihren charakteristischen, gedrungenen Zwiebelhelmen flankieren die Ecken des fast quadratischen, zweigeschossigen Gemäuers und spiegeln sich in jahreszeitlich ständig wechselnden Eindrücken im künstlich angelegten Wassergraben. Nicht genug mit den vier Ecktürmen, zwei weitere Kuppeln – eine als Bekrönung des Torturms – prägen Schwindegg. Das leuchtende Weiß von Türmen und Wänden kontrastiert schon immer zum Dunkel des steilen Satteldaches, der Zwiebeln und der Fensterachsen. Ein fein gegliederter, ocker abgesetzter Zierfries unter den Traufen läuft um das gesamte Bauwerk und bindet die Türme reizvoll ein. Vom Innenhof aus würde man an der nördlichen und östlichen Fassade zweigeschossige, offene Arkaden über toskanischen Säulen und kreuzgratgewölbte Lauben bewundern können. Aber auch so, von außen, fasziniert diese unerwartet stimmige Gesamtanlage eines prächtigen Wasserschlosses des ausgehenden 16. Jahrhunderts in einem Ort von gerade einmal rund 2000 Einwohnern.

Schloss Schwindegg war länger als fünf Jahrhunderte Sitz einer der wichtigsten bayerischen Hofmarken; unter seinen Besitzern finden sich klangvolle Namen wie die Frauenhofener und Pappenheimer.

Schloss Schwindegg

Ritter Sebastian von Haunsberg ließ ab 1594 an der Stelle der alten gotischen Gebäude den kostspieligen Neubau im Stil der Renaissance errichten – nach dem Handbuch der deutschen Kunstdenkmäler »eines der bedeutendsten Renaissance-Schlösser Bayerns«. Mehr zur Geschichte von Schloss und Ortschaft S. 108.

Schloss Schwindegg

The knight Sebastian von Haunsberg had a costly new Renaissance-style building constructed from 1594 to replace the former Gothic one – one of the most important Renaissance palaces in Bavaria. To find out more about the history of the palace and the village, see p. 108.

Frommes Land
Tausende Hilfe suchender Menschen wurden seit dem 15. Jahrhundert von der lieben Frau zu Ornau erhört. Die Wallfahrtskirche im Stil der späten Gotik kennt im Innenraum nur noch jubilierendes Rokoko. Im Zentrum des Hochaltars das gotische Gnadenbild der sitzenden Madonna.

Land of devotion
Thousands of people seeking help came to the Dear Lady of Ornau from the 15th century. The pilgrimage church in the late Gothic style bursts with Rococo in its interior. At the centre of the high altar is the seated Madonna in Gothic style.

DIE WALLFAHRTSKIRCHE VON FRAUENORNAU

Der kurze Ausflug von Schwindegg hinauf ins Ornautal lohnt sich: In leicht hügeligem Gelände steht östlich über den Bauernhöfen von Frauenornau die weithin sichtbare Marienkirche. Vom Parkplatz am Bach aus eher unscheinbar, erinnert der Ostchor mit Strebepfeilern und Maßwerkfries an die Spätgotik, die tatsächliche Erbauungszeit um 1450, aber der lichtdurchflutete Innenraum kennt nur noch jubilierendes Rokoko. Vorbei an den beiden schräg gestellten Seitenaltären mit ihren assistierenden Heiligenfiguren zieht einen der Hochaltar im gewölbten, eingezogenen Chor rasch in seinen Bann: Vor dem offenen Säulenaufbau flankieren zwei Figurenpaare der heiligen Johannes Evangelist, Josef, Johannes des Täufers und Lukas in großer Bewegung das Geschehen im geöffneten Baldachinvorhang. Dessen Mitte nimmt das bekrönte gotische Gnadenbild der sitzenden Madonna mit Kind ein, ruhig lächelnd, während Dutzende Putti und Wölkchen in den goldenen Strahlen den Thron umschwirren – darüber die göttliche Trinität, die das Treiben wohlgefällig geschehen lässt.

Wallfahrt zur Lieben Frau von Ornau

Tausende Hilfe suchender Menschen wurden von der lieben Frau zu Ornau erhört, nicht nur der Ritter Sebastian von Haunsperg, der Erbauer von Schloss Schwindegg, als er nach der Seeschlacht von Lepanto 1573 in türkische Gefangenschaft geriet und nach seiner Befreiung die 15 Pfund schwere Kette samt Sporen und Offiziersschärpe zum Dank hier niederlegte. Heute hält ein Engel rechts im Chor diese Zeugnisse, und die Sockelinschrift gibt bereitwillig Auskunft.

Aufgemalte Mirakelbilder in den Stichkappen des Chorgewölbes, Deckenfresken und viele Votivtafeln bezeugen bis in die Gegenwart sowohl das Vertrauen in die mächtige Fürsprecherin als auch deren Hilfe. Und die Kirchenpflegerin erzählt, dass die Rattenkirchner und Schwindkirchner noch jährlich hierher ziehen, ja jeden Sonntag zwischen Ostern und Mariä Himmelfahrt (15. August) der Bittgang von Obertaufkirchen heraufkommt.

Dann sperrt sie mit ihrem wuchtigen Kirchenschlüssel sorgsam das schwere Eichentor ab.

AHNENSAAL UND FÜRSTENSAAL VON SCHLOSS ZANGBERG

Fürstensaal und Ahnensaal des einstigen Schlosses und heutigen Klosters der Salesianerinnen von Zangberg (seit 1862) gehören zu den herausragenden Kostbarkeiten des Isentals. Der Fürstensaal ist der Verherrlichung des Hauses Wittelsbach gewidmet. Mit 18 Herrscherporträts von Otto I. bis Kurfürst und Kaiser Karl Albrecht, einer großformatigen Darstellung der Schlacht von Mühldorf/Erharting 1322 und einem monumentalen Deckenbild mit Kurfürst Max Emanuel als Türkensieger huldigte der Schlosserbauer Ferdinand Maria Freiherr von Neuhaus seinem Landesherrn Max Emanuel, in dessen Diensten er als oberster Kämmerer stand. Der Saal dient heute den Tagungsgästen des Klosters als nobler Speisesaal und ist für Besucher nicht zugänglich.

Der so genannte Ahnensaal im Ostflügel des Schlosses steht Besuchergruppen für Führungen offen und kann bei Konzerten besichtigt werden. In ihrem Internetauftritt rühmt ihn die Gemeinde Zangberg stolz als den »schönsten und prunkvollsten Saal im Landkreis Mühldorf«.

Beide Säle hat Freiherr von Neuhaus um 1700 ausstatten lassen. Dabei beeindruckt der zweistöckige, an die 25 m lange Ahnensaal durch die Lichtfülle zur Linken und Rechten sowie den Kontrast von dunklen, farbigen Wand- und Deckenbildern und deren hellpastelligen Stuckrahmungen. Gemälde und Fresken zeigen ausschließlich die Familie und Herkunft derer von Neuhaus, wobei entlang der Längsseiten die Herren den Damen gegenüber angeordnet sind. An den Schmalseiten des Saales findet man die Stammbäume und Stammschlösser des in Kärnten beheimateten Adelsgeschlechts. Die Deckenfresken sind dem vornehmsten Spross der Familie, Erzbischof Eberhard III. von Salzburg, vorbehalten. Eine der drei Malereien führt die Judenvertreibung aus Salzburg vor, die Eberhard während seiner Regentschaft von 1404 bis 1427 veranlasst hat.

Wiewohl räumlich getrennt, bedingen beide Säle einander. Ein regelrechtes Bildprogramm aus eigener Repräsentation, Landesherrschaft und römischem Kaisertum schafft hier, im stillen Zangberg über dem Isengrund, unerwartete Kreuzungslinien von Ortshistorie, dynastischer Landesgeschichte und europäischer Politik im alten Bayern.

Prunkvoller Ahnensaal
Den zweistöckigen Ahnensaal von Schloss Zangberg ließ 1700 der Schlosserbauer Freiherr von Neuhaus ausstatten. Die Gemälde und Fresken zeigen Familie und Herkunft derer von Neuhaus. Der Ahnensaal steht Besuchergruppen für Führungen offen und ist Schauplatz von Konzerten.

Magnificent ancestral hall
The two-storey ancestral hall of Schloss Zangberg was established in 1700 by the palace's erector, Freiherr von Neuhaus. The paintings and frescos show the heritage and origins of the von Neuhaus family. The ancestral hall is open to visitors for guided tours and also a concert venue.

Degenhart Pfäffinger, Schlossherr von Salmanskirchen, u.a. als Kämmerer in Diensten des Kurfürsten Friedrich von Sachsen, auf einem übermannsgroßen Rotmarmorepitaph in der Kirche von Salmanskirchen.

Red marble epitaph in the church of Salmanskirchen showing the Castle Lord of Salmanskirchen, who also served as chamberlain to Elector Friedrich of Saxony.

SALMANSKIRCHEN: »... EINES DER RASSIGSTEN RITTERPORTRÄTS«

Weiter isenabwärts hat ein kleines Dorf an den nördlichen Isentalhängen gegenüber Ampfing im Mittelalter große Geschichte gemacht. Schon im 13. Jahrhundert saßen hier die Pfäffinger, ein Rittergeschlecht, das unter Gentiflor und Degenhart Pfäffinger um 1500 zu hohen Ämtern aufgestiegen war. Von der einstigen Burg steht nichts mehr, die 1502 geweihte Johanneskirche blieb mit ihrer guten Ausstattung und über zwanzig Grabsteinen des 15. bis 17. Jahrhunderts stummer Zeuge dieser großen Zeit bis heute.

Schlossherr von 1503 bis 1519 war Degenhart, u.a. diente er als Kämmerer des Kurfürsten Friedrich von Sachsen. Obwohl er in Frankfurt bei der Wahl Karls V. zum Kaiser gestorben und bestattet worden war, porträtiert ihn ein übermannshoher und an die eineinhalb Meter breiter Epitaph aus Rotmarmor im Dreiviertelrelief auf außergewöhnlich qualitätvolle Weise. Umgeben von heraldischem Beiwerk und drei seitlichen Wappen präsentiert sich der lebensgroße Ritter in zeittypischer Maximiliansrüstung. Den Kopf hat er in Richtung Altar gewendet, die gepanzerten Hände liegen ineinander, der Turnierhelm ist am Boden abgesetzt, so dass auf dem Kopf eine Netzhaube sichtbar wird.

In geradezu überschwänglichen Worten schildert der Bearbeiter der »Kunstdenkmale des Königreiches Bayern« 1902 die wesentlichen Partien: »Hervorgendes Werk der Grabsteinplastik (von 1524?), namentlich ausgezeichnet durch die vorzügliche Porträtbehandlung des charakteristischen Kopfes mit der starken Betonung des Knochenbaues ...«. Und die feine Gesichtsmodellierung verleitet Herbert Schindler zu der Einschätzung, hier handle es sich um »eines der rassigsten Ritterporträts der Maximilianszeit«. Auf den weitgereisten Salmanskirchner weisen über seinem Kopf der Orden vom heiligen Grab in Jerusalem hin (griechisches Kreuz mit vier kleinen Kreuzen), in der linken oberen Ecke der cyprische Schwertorden und rechts oben der aragonische Kannenorden (Henkelkanne mit drei Lilien).

Das Kreismuseum im Lodronhaus in Mühldorf widmet Degenhart und den übrigen Pfäffingern eine große Ausstellungssequenz.

SCHLOSS WINHÖRING: HÖFISCHES FLAIR ÜBER DEM UNTERSTEN ISENTAL

Für die kleine Kunstreise durch das Isental gibt es keinen besseren Schlusspunkt als den Blick auf die Schlossanlage der Grafen von Toerring-Jettenbach. Wenige hundert Meter vor der Mündung in den Inn scheint das Toerring'sche Schloss auf einer ebenen Hochterrasse der Isen nördlich gegenüber dem schmucken Ort Winhöring ein letztes Bollwerk im Tal zu verkörpern, dessen erstes ganz oben das kraftvolle Burgrain war.

Obwohl das Schloss selbst nicht zugänglich ist, hat man vom erhöht liegenden Schloss-Stüberl aus einen schönen Überblick. Der Betrachter, der zum ersten Mal hier ist, dürfte staunen über die imposante, planmäßige Parkanlage zur Rechten, während sich links von seinem Standort aus Vorhofgebäude und Ökonomietrakt durchdringen und dazwischen ein Teil der Schlossfassade herüberschaut. Das Rechteck der Orangerie besteht aus dem französischen Garten mit seinen streng angelegten Beeten und Rabatten sowie drei feingliedrigen Walmdachhäusern am äußeren Ende, deren Fassaden auf das Schloss ausgerichtet sind. Neugierig gemacht, steigt man gerne die paar Meter hinunter und geht an der Schlossmauer entlang, bis sich der Blick durch das schmiedeeiserne Tor hindurch öffnet auf die ganze Fassade des herrschaftlichen Ansitzes: Der Weg führt gerade auf das mittige Eingangstor zu, darüber erkennbar das Toerring'sche Wappen in Stuckrelief, links und rechts davon zahlreiche Fensterachsen über drei Stockwerke mit ockerfarbenen Bändern und Feldern auf weißem Grund – so übrigens die gesamte Anlage. Im steilen Dach sitzen aufgereiht Erkerfenster mit Dreiecksgiebeln, und der First wird überragt von einer stattlichen Anzahl schlanker, hoher Kamine.

Man ist beeindruckt vom frischen Glanz dieses adeligen Gesamtkunstwerks im untersten Isental, das allein den Ausflug nach Winhöring lohnt, und erfährt von der seitlichen Tafel, dass zur Erbauungszeit 1721–1730 Winhöring »zu den schönsten und wohnlichsten Schlössern Bayerns« gezählt habe und das heutige Ensemble bis auf Kleinigkeiten noch dem Zustand aus der Zeit um 1750 entspreche.

Barockschloss Frauenbühl bekam seine heutige Gestalt unter Graf Ignaz von Toerring, der es 1721–1730 im Barockstil umbauen ließ. Vier stattliche Flügelbauten mit Laubengängen umschließen den quadratischen Innenhof. Das Schloss ist nicht zu besichtigen, doch dem Besucher steht der Blick auf die barocke Gesamtanlage mit Lustgarten und Orangerie frei. Zur Geschichte von Schloss Frauenbühl s. S. 126.

The baroque Schloss Frauenbühl was given its current design under Count Ignaz von Toerring, who had it rebuilt in the Baroque style in 1721–1730. Four grand wing tracts with access balconies border the quadratic courtyard. The palace cannot be entered by visitors, but there is a good view of the overall Baroque construction with pleasure garden and orangerys.

Leben und Arbeiten im Isental

Albrecht A. Gribl

Intensiv bewirtschaftet
Weite Teile des Isentals sind intensiv bewirtschaftetes Agrarland. Der Trend zur Bioenergie-Erzeugung scheint gebrochen, zwei von drei Betrieben setzen auf die Milchwirtschaft. Sie bestimmen heute das Bild.

Intensive farming
Large stretches of the Isental are farmed intensively. The trend towards the production of bioenergy appears to have broken, the dominant form of agriculture now being dairy farming.

Die zu frühe Anstrengung zur Arbeit hemmt bei beiden Geschlechtern das Wachstum und auch die Schönheit ...« beginnt der Aufklärer und Reiseschriftsteller Joseph Hazzi zu Beginn des 19. Jahrhunderts eine Beschreibung des Bauernstandes im Erdinger Holzland, und er fährt fort, dass sich dessen Charakter auszeichnet durch »ausharrende Geduld in Widerwärtigkeiten, Unglück und allen Beschwerden ihres verachteten Standes«.

BAUERNARBEIT AUF SCHWEREN BÖDEN UND SAUREN WIESEN

Mit der »Anstrengung zur Arbeit« meinte Hazzi das Leben mit der Bauernarbeit von Kindesbeinen an. Gewiss trifft auch fürs untere Isental zu, dass Mädchen und Buben zumindest seit dem Schulbesuch mit sechs Jahren für Arbeiten in Haus und Hof »eingespannt« wurden – das haben die Älteren noch selbst erlebt.

Das Isental war noch vor 50 Jahren weitgehend geprägt vom Bauernstand, und man sprach vom »Häuslmo« und »Gütler«, die in jeder Gemeinde zahlreich vertreten waren, dann vom »Bauern« und nannte den Hofnamen, seltener vom »Groß«- oder gar »Herrenbauern«, Letztere in jeder Hinsicht Respektspersonen beim Wirt oder auf der Gemeindekanzlei. Wiewohl heute die Jungen meist gut ausgebildet »in die Arbeit« fahren und das Bäuerische zurückgedrängt ist, bleibt viel Feld-, Wiesen- und Holzarbeit. Wie überall geht auch im Isental das Bauernsterben um. Die Kleinen und Mittleren werden weniger und dürfen sich »Nebenerwerbslandwirte« nennen. Die Großen pachten zu, haben längst ihre Ställe und Silos erweitert, um im »Vollerwerb« ihren Hof nach betriebswirtschaftlichen Erkenntnissen zu bestellen.

Freilich ist der Talboden selbst auch heute noch den Wiesen und damit der Grünlandwirtschaft vorbehalten, weil die regelmäßigen Überschwemmungen nichts anderes zulassen, aber die einst »sauren Wiesen« werfen nach Grundwasserabsenkungen, Drainagearbeiten und jahrelanger Düngung gute Gras- und Heuerträge ab. An den steilen Endmoränenhängen südlich der Isen überwiegt der schwere, lehmige Boden, während die flacheren tertiären Hügel auf der Nordseite mit ihrem »Schluff« (Lehmboden mit Sandanteilen) ertragreicheren Ackerboden bieten. Der Siegeszug der Maissorten hat eine stattliche Anzahl von Großbetrieben zu Biogas-Bauern gemacht: Allein zwischen Dorfen und Schwindegg zählt der Stettner-Bauer von Oberzeil sieben, davon sechs auf seiner, der nördlichen Isenseite. Aber der Trend zur Bioenergieerzeugung sei gebrochen, sagt er, weil bei Gasfestpreisen und steigenden Getreidekosten die Gewinne und damit die Anreize zu weiterer kostenintensiver Umstellung schwinden. Zwei von drei Betrieben setzen weiterhin auf Milchwirtschaft und bestimmen das heutige Bild im Isental.

WEIN- UND HOPFENBAU IM ISENTAL

Die gängigen Getreidesorten – neben der noch immer zunehmenden Anbaufläche für Mais – sind wie in anderen bayerischen Gegenden Weizen, Braugerste, Hafer und Roggen. Der Kartoffelanbau fällt kaum ins Gewicht. Überraschen aber dürfte viele, wenn nachfolgend kurz von den Sonderkulturen Wein- und Hopfenanbau die Rede ist.

Der »Baierwein« war im Mittelalter hierzulande durchaus ein Begriff. Schon um 1000 trugen die Täler von Donau, Altmühl, Isar, Rott und Inn an Südhängen Rebstöcke. Auch für das Isener Ländchen und Zangberg sind Weinkulturen nachge-

Thurnerhaus
Das »Thurnerhaus« in Weilkirchen, Gemeinde Zangberg bei Ampfing, ist wohl das älteste ländliche Wohnhaus im Landkreis Mühldorf. Es wurde ganz aus Holz erbaut.

The »Thurner House«
in Weilkirchen, in the district of Zangberg near Ampfing, is probably the oldest rural residential dwelling in the Mühldorf region. It is made entirely of wood.

Als Ernte Solarstrom ...
Völlig neue Wege geht ein Landwirt auf seinem 50-Hektar-Hof in Attenhausen, Gde. Ampfing. Die Südhanglage neben seinem Hof über der Isen nutzt er seit 2007 für die größte Photovoltaik-Anlage im Isental. Auf 5 ha seines Grundes erzeugen 30 000 Solarmodule 2000 Kilowattstunden Strom, die Verbrauchsmenge für ca. 500 Haushalte.

Harvesting the sun's rays ...
One farmer makes full use of the south-facing slope next to his premises above the Isen, where he operates the largest photovoltaic system in the Isental. Over a surface area of 5 hectares there are 30,000 solar modules generating 2,000 kilowatt-hours of electrical current – to supply around 500 households.

wiesen. So berichtet Ludwig Heilmaier (Herrschaft Burgrain, 1911), dass der in Freising kultivierte Weinbau schon von den Isener Benediktinern eingeführt und im oberen Isental bis zum Dreißigjährigen Krieg beheimatet war. Hof- und Flurnamen wie Weinhub und Weintal bei Lappach, Weinberg im Ornautal, Oberweinberg bei Grüngiebing erinnern daran.

Für das untere Isental erwähnt Angermeier (Isengau, 1978) bei Weilkirchen einstigen Weinbau und Michael Wening zeigt ihn auf seinem prächtigen Kupferstich von Schloss Zangberg um 1700 sehr deutlich. Seit mehreren Jahren baut ein Hobby-Winzer in Lengdorf mit Trauben an Hausspalieren und an die 100 Stöcken wieder einen sehr passablen Rotwein aus.

Der Hopfenbau war den Reiseberichten zufolge verbreiteter und teilweise noch vor mehreren Jahrzehnten anzutreffen. Wiederum zeigen die Darstellungen von Isen bei Gappnigg und Wening kurz vor bzw. nach 1700 Hopfenstangen am steilen Ostufer um Rosenberg, und Pfarrer Heilmaier wusste noch Ende des 19. Jahrhunderts von Hopfengärten bei Isen. Das eindrucksvolle Votivbild in der Pfarrkirche Maria Dorfen zum Brand beim Diemer-Bräu von 1824 weist ebenfalls auf Hopfenanbau an den Südhängen des Ruprechtsberges hin: Die zwei Bündel langer Hopfenstangen bezeugen den Bedarf der damaligen sechs Dorfener Brauereien an eigenem Hopfen, bevor die Hallertau zu ihrer heutigen Bedeutung aufstieg. Der St. Wolfganger Rektor und Heimatforscher Andreas Stamml erinnert sich, noch in den 1960er Jahren beim Bachmaier-Gütl in Osendorf hinter Lindum die Hopfenstangen der Brauerei Bachmayer vorgefunden zu haben.

Der Hopfen ist endgültig verschwunden aus dem Isental. Zu sehen sind ab und an kleinere Sonnenblumenfelder und bei einem Großbauern in Weidenbach ausgedehnte Zuckermais- und Kürbisfelder.

MÜLLER, ZIEGLER UND TORFSTECHER

Für ein Flusstal, noch dazu mit einem »schnell fließenden« Gewässer und eingelagerten Mooren, ist es keine Besonderheit, wenn von selteneren Gewerbezweigen wie Müllern und Zieglern oder von Torfstechern die Rede ist. Weil diese Gewerbe jedoch typisch für das Isental waren und zum Teil noch sind und die zahlreichen Mühlgebäude bis heute die Flusslandschaft mitprägen, dürfen sie nicht übergangen werden.

Eine einzige Getreidemühle hat im Isental die Konzentration auf wenige Großbetriebe – etwa im Landshuter Raum – überlebt. Auf der »Peitzabruck-Mühle« oberhalb Ampfing betreibt Familie Sax neben Sägewerk und Stromturbine nur noch den Handel mit Mehl, die Haider-Mühle in Ampfing hat das Mahlen vor zehn Jahren eingestellt. Übrig geblieben ist allein die »Mehlmühle« der Familie Urban unterhalb von Dorfen. Ende des 18. Jahrhunderts zählte das Isental ohne Nebenbäche über 30 Mühlen, wie wir von dem Geometer Joseph Consoni wissen, der sie 1799 minutiös auf seinem großen Isentalplan (s. Vorsatzblätter) eingezeichnet hat. Ein halbes Jahrhundert davor saßen allein in der Herrschaft Burgrain mit dem Markt Isen zwölf Müller. Viele dieser Mühlen betreiben später auch noch Sägewerke, weil die Wasserkraft genutzt werden konnte. Bis heute schneiden etwa der Kuglmüller bei Isen, der »Gerster« in Lengdorf, oder im unteren Tal die beiden Ampfinger Mühlen, der »Isenmüller« Kamhuber in Heldenstein und die Mühlen in Erharting und Aufham. Manche rüsteten auf Stromerzeugung um, aber die meisten der einst stattlichen und stolzen Mühlgebäude stehen leer oder wurden zu Wohnungen umgebaut.

Die Lehmgruben und -hügel im oberen und die Moore im mittleren Isental gewannen im 19. Jahrhundert rasch an Bedeutung für Hausbau und Torfstich. Nachdem Feldbrandöfen und Bauernziegeleien lange Zeit das wertvolle Baumaterial geliefert hatten, begann der spätere Kommerzienrat Josef Meindl (1862–1950) 1895 mit der Dachplattenproduktion großen Stils in Dorfen, unmittelbar hinter dem Bahnhof an jenem Hausmehringer Hangrücken, wo schon 1450 und 1585 der Dorfener »Zieglstadl« bezeugt ist. Meindl erwarb sieben Jahre später auch im tonreichen Isen das Gelände eines Sägewerks mit kleiner Ziegelei und erbaute eine Industrieanlage für Mauerziegel, die ebenfalls bis heute besteht, wenn auch unter anderem Namen. Das Dorfener Ziegelwerk beschäftigte in den 1960er Jahren über 270 Mitarbeiter und war damit das größte Unternehmen in Markt und Stadt Dorfen, gegenwärtig sind es noch an die 100 Beschäftigte.

Haider-Mühle bei Ampfing

In der Haider-Mühle hat man das Mahlen von Getreide 1998 eingestellt. Die Mühle wird wie andere ehemalige Getreidemühlen heute als Sägewerk betrieben.

Haider Mill near Ampfing

From 1998 the Haider Mill was no longer used as a flour mill. Like other facilities of its kind it is now used as a sawmill.

Das Projekt »Torfhütte« mit Ausstellung der Geräte und einem Mustertorfstich bei Moosmühle (Gde. Schwindegg) harrt der Verwirklichung. Die Hütte steht leer. Früher prägten die Torfhütten im Isenmoor bei Walkersaich das Flusstal. Die Gemeinden besaßen Torfwiesen und stachen das Heizmaterial für Schulen und Ämter. Durch den Torfstich wurden Feuchtgebiete trockengelegt. Vor Jahrzehnten wurde er gestoppt.

Peat cutting *In days gone by, the peat huts of the moorlands near Walkersaich were typical of the valley. The local authorities owned peat fields and cut fuel for schools and public buildings. However, this practice dried out the wetlands so it was stopped several decades ago.*

Auch eine zweite, wesentlich kleinere Dorfener Ziegelei existierte mehrere Jahrzehnte auf der Hanghöhe, das Ziegelwerk Stitteneder, das aus einem Bauernhof hervorgegangen war. Talabwärts erinnert der Weiler Ziegelsham an der Hügelkette zwischen Isen und Kagenbach an das einstige Tongewerbe. Und ähnlich wie der Stitteneder in Dorfen brannte der Rauschecker-Bauer in Osterham bei Winhöring mit Hilfe zahlreicher Italiener bis um 1950 Ziegel.

Heizmaterial Torf

Während die Ziegel der beiden Meindl-Werke europäische Geltung erlangten, blieb der andere Rohstoff des Isentalbodens ganz in der Region. Noch in den 1960er Jahren konnte man überall im mittleren Tal, zwischen Dorfen und Ampfing, die typischen Torfhütten sehen – nach Osten hin meist offene Bretterverschläge mit Pultdächern, die mitten im tiefen Gras der Isenauen standen. Untrüglich wiesen sie auf den Torfstich von Bauern und Häusllleuten links und rechts der Isen hin. Die meisten von ihnen hatten ein oder zwei Wiesenparzellen, unter deren Humusschicht der begehrte Torf herging, begehrt, weil dieses Brennmaterial nichts kostete – bis auf die Arbeit. Und die war nicht gerade leicht, wie die alten Torfstecher erzählen. Etwa eine Woche pro Jahr im Frühsommer ging es täglich zum »Stechen« ins Moor. Ungefähr vier Stiche mit dem einfachen oder doppelt breiten Stecheisen in die Tiefe gab das Flöz her – bis das Grundwasser anstand. Das Aufladen auf den Schubkarren war eine Kunst für sich, denn die Stücke sollten nicht zerbrechen, damit man sie neben der Hütte in langen Zeilen aufrichten und lagern konnte. Später wurden die einzelnen Briketts zur weiteren Trocknung »umgedreht« und zum Nachtrocknen, mitunter auch zum Überwintern, in die Torfhütte geschichtet. Man stach immer nur so viel, wie für den Winter zum Heizen nötig war. So hatten auch die Gemeindeverwaltungen ihre Torfwiesen, um Schulen, Lehrerhäuser und Kanzleien zu beheizen.

RITTE UND RENNEN – ZUR WERTSCHÄTZUNG DES PFERDES

Fährt oder wandert man heute durch das Isental, begegnen einem wiederholt Pferdekoppeln und Reiterhöfe – Zeichen der Wertschätzung des Pferdes für den Freizeitbereich über seine frühere Bedeutung als Zug- und Reittier hinaus.

Allein im oberen Isental könnte man drei Pferde-»Reviere« nennen: die Reitanlage in Badberg oberhalb Kopfsburg, den »Reitstall Weinhackl« bei Lengdorf mit 25 Boxen, besonders aber den Mutzenhof bei Burgrain. Dort begründete die Industriellengattin Elisabeth Mann 1972 auf 30 ha ein Gestüt für Rennpferde und 1996 die »Stiftung Elisabeth Mann« zur Pferdezucht und zur Nachwuchsförderung für Pferdewirte der Berufsschule München-Riem. Rund 50 Rassepferde tummeln sich dort in der freien Natur oder auf der eigenen Trabrennbahn. So könnte man auch das mittlere und untere Isental nach Pferdekoppeln durchgehen.

Es ist kaum 60 Jahre her, da waren zwei bis vier Pferde der Stolz jedes mittleren bis größeren Bauernhofes. Rossstall und Rosskammer lagen beim Wohnhaus, die größeren Höfe hatten einen eigenen Rossknecht, und der Bauer selber sorgte sich zuallererst um seine Pferde. Da mögen das nahe Rottal und der ganze Landkreis Erding – dieser mit dem Pferd im Wappen – als einstige große Zuchtgebiete auch zur Liebhaberei geführt haben.

Die Einheimischen sprechen bis heute liebevoll und gedehnt vom »Ross«, niemals vom Pferd. So ist es kein Wunder, dass der einst unentbehrliche Arbeitsgefährte des Bauern an Sonn- und Feiertagen gern bei der Ausfahrt hergezeigt wurde und seit alter Zeit im Mittelpunkt von Umritten und Rennen stand.

Solche gab es keineswegs nur am Leonharditag, dem 6. November, zu Ehren des Pferde- und Viehpatrons St. Leonhard, etwa in Obergeislbach, Esterndorf, Salmanskirchen und Zangberg. Quer durchs

Die Vollblutaraber-Stuterei Isental Corinna & Wolfgang Bindl *in Großkatzbach besteht seit 1974 und beherbergt einige der seltensten und edelsten arabischen Vollblüter weltweit. Liebhaber und Züchter aus der ganzen Welt finden den Weg ins Isental und das eine oder andere Pferd geht so auf eine weite Reise. Frau Schmid-Bindl: »Unsere Gäste sind sich einig, ein verstecktes kleines Paradies, inmitten idyllischer Landschaft, nur einen Katzensprung von München entfernt, entdeckt zu haben.« Im Bild die Stute Divina el Rih.*

Heiligenjahr boten Wallfahrtsstätten, Kirchenpatrozinien und Nebenpatrone auf Seitenaltären Gelegenheiten zum Umritt mit Pferdesegnung am Vormittag, zum Rennen am Nachmittag. Preise waren zu gewinnen wie ein Paar Handschuhe, ein Hut oder ein paar Ellen feinen Tuches, und die zusammengeströmte Menschenmenge hatte ihre Unterhaltung.

Da werden für Jakobrettenbach, die Filiale von Dorfen, schon seit 1600 Rennen beim Stephaniumritt genannt, und nach dem Dreißigjährigen Krieg setzte überall die Freude an Ritt und Rennen ein: Bei der Sebastiani-Kirche von Dorfen, draußen »auf dem Moos«, wurde schon 1647 mit einem Rennen begonnen, und diese Tradition übernahm im 20. Jahrhundert ein Rennverein, der am Gallimarkt-Dienstag auf der Erberwiese internationale Pferderennen mit verschiedenen Bahnlängen abhielt, zuletzt 1987 und 1990.

Für Isen ist beim Antoniusmarkt, mitten im Januar 1689, ein Pferderennen überliefert – interessant, dass eine Fahne, zu sehen im kleinen Heimatmuseum des Marktes, als erster Preis für ein Schlittenrennen im Jahr 1911 gespendet wurde. Die Isener »Roßrennats« der 1910/20er Jahre nahm im Jahr 2000 ein eigens gegründeter Rennverein auf und veranstaltete in Westach bis 2003 Rennen, die aber wegen eines Scheunenbaus wieder eingestellt werden mussten.

Zumindest erwähnt seien noch der Pfingstritt bei der (abgebrochenen) Kirche in Weg bei Lengdorf und die Ritte in Kleinkatzbach beim Andreaskircherl, in Niederbergkirchen am Blasiustag (2. Februar), in Oberbergkirchen an Martini (11. November) und in Annabrunn am Annatag (26. Juli). In Erharting zieht der Stephaniumritt seit 1981 wieder alle zwei Jahre die Menschen an, wohl auch wegen der geschmückten Festwägen, auf denen die Weihnachtskrippe, die Steinigung des hl. Stephanus, Isidor und Florian und die Hinrichtung der hl. Barbara dargestellt werden (s. S. 123).

LEBEN AM FLUSS – ARBEIT, ANGST UND FREUDEN IN STÄNDIGEM WECHSEL

So natürlich der Wanderer und Radtourist die Isen auf Grund ihrer unzähligen Windungen und plätschernden Schnellen besonders des Oberlaufs erlebt, so sehr kennen die Grundanlieger auch die andere Seite des Flusses, jene der Arbeit und Sorge. Seit Beginn der Siedlungstätigkeit am Fluss nutzt ihn der Anwohner, versucht aber zu gleicher Zeit, sich vor ihm zu schützen: sowohl vor dem ständigen »Nagen« an Ufern und Prallhängen als auch vor kurzzeitigen, aber umso mehr gefürchteten Überschwemmungen. Abgesehen von öffentlicher Flussbettpflege, Flussbau und Hochwasserschutz, wie etwa in Dorfen und an der Goldach in Schwindegg, mühen sich bis heute die

Jahrhunderthochwasser
Land unter am 8./9. Juli 1954 am Johannisplatz in Dorfen

Record flooding
Floods on July 8th/9th 1954 on the Johannisplatz in Dorfen

Grundanlieger, den Fluss im Bett zu halten. »Bschlacht« aus Holzpfählen und einem Geflecht aus Ästen sollten Jahrhunderte hindurch Erosionen abschwächen. Heute kippt der Radlader von weit hergefahrene Felsbrocken in die Ausschwemmlöcher. Als präventiver Schutz bleibt jedoch auch die Uferbepflanzung mit Tiefwurzlern wie der Schwarzerle von Bedeutung.

Was der private Flussanlieger über Jahre hin an Uferbefestigungen versucht hat, reißt ihm ein größeres Hochwasser oft in Stunden weg. Gerade im oberen Isental genügt ein lokaler Wolkenbruch, um den Fluss und seine Nebenbäche über die Ufer treten zu lassen. So genannte Jahrhunderthochwasser sind bis heute im ganzen Tal gefürchtet, weil sie nicht nur Ufer und Uferbauten schädigen, sondern auch Wiesen und Äcker großflächig mit brauner Brühe überziehen, besonders aber, weil sie in Siedlungen am Fluss den öffentlichen Verkehr lahmlegen und viele Häuser unter Wasser setzen. Abgesehen von den fast jährlichen Minimal-Überschwemmungen war im Juli 1991 das Tal zuletzt von einem großen Hochwasser betroffen. Bei den Katastrophen von 1954 und 1920 ergossen sich die Wassermassen in Dorfen durch das Isener Tor, den Stadtpark und die ganze Innenstadt.

In ruhigen Zeiten freilich wurde die Isen vielfältig genutzt. Im Frühjahr und Sommer zum Fischen – nicht nur von berechtigten Fischern –, zum Wäschespülen (»Schwoam«) von Hausfrauen und Mägden auf eigens angelegten Waschbänken (»Waschbrigge«), und in strengen Wintern von den Brauereien zum »Eisen« (Eisgewinnung), um das Bier in den Kellern bis zum Sommer kühl zu halten.

Und natürlich die Freuden eines kleinen Flusses: Im Sommer konnte man bis in die 1950er Jahre Klein und Groß beim Baden zuschauen. Heute wagen sich wieder einige Mutige in die vorgeklärten Fluten. Vor den Stauwehren vieler Mühlen konnte man sogar schwimmen, und der einstige Jux des Sautrog-Fahrens ist hie und da einer beschaulichen Schlauchbootfahrt gewichen. Strenge Winter erlauben noch heute an wenigen Tagen das ungewohnte Erlebnis des Schlittschuhlaufens auf der Isen – oft hunderte Meter auf- und abwärts, oder einer rasch zusammengetrommelten Moarschaft das Eisstockschießen.

Schlittschuhlaufen

auf der Isen ist zum seltenen Vergnügen geworden, da der Fluss nicht in allen Jahren mit einer tragfähigen Eisdecke überzogen ist. Auch die Eisstockschützen können daher kaum einmal auf dem Fluss ihrem Sport nachgehen.

Ice skating

has become something of a rarity on the Isen as it only seldom freezes over. It is not very often that enthusiasts of Bavarian curling get to pursue their sport on the river.

DER MOTOR BAHN BRINGT AUFSCHWUNG UND AUSTAUSCH – UND DIE STADT AUFS LAND

Keine andere Neuerung hat das Isental nachhaltiger verändert als der Bau der Bahnstrecke zwischen München und Simbach/Braunau – nach der Eröffnung der Teilstrecke München–Neuötting am 1. Mai 1871.

Betrug die Fahrzeit damals 3 Stunden und 15 Minuten, so bewältigt die Diesellok der SüdostBayernBahn diese Strecke heute in etwa 1 Stunde und 15 Minuten – wenn sie an jedem der 12 Bahnhöfe bis München Ostbahnhof hält. Dabei transportiert sie morgens wie abends zwischen Mühldorf und München etwa 8000 Pendler.

Pendlerzüge
Die Züge der SüdostBayern-Bahn benötigen für die Fahrt von Mühldorf durch das Isental bis München eine starke Stunde. Etwa 8000 Pendler fahren täglich mit dem Zug. Im Bild die SüdostBayernBahn im Bahnhof Ampfing.

Commuter trains
The trains of the South-East Bavarian Railway take a good hour for the trip from Mühldorf through the Isental to Munich. Some 8,000 commuters take the train every day. The picture shows the train at Ampfing station.

Auf diese Weise fand im Lauf von wenigen Jahren ein gewaltiger Wissens- und Warentransfer statt, der befruchtend für beide Endpunkte der Reise wirkte. Die Bahnfahrer des Isentals brachten, gewollt oder ungewollt, ihre Lebensart, Kultur und Tradition in die Großstadt, mehr aber noch nahmen sie von dort Kenntnisse, neue Produkte, Mode und dergleichen mehr mit nach Hause. Bis zum Massenaufkommen des Individualverkehrs in Form von Motorrad, Auto und Lkw in den 1950er Jahren erlebte der Gütertransport mit der Bahn einen Aufschwung ungeahnten Ausmaßes. In rascher Folge entstanden praktisch bei jedem Bahnhof Lagerhäuser, Viehwaagen für den Versand von Schweinen und Kälbern in die städtischen Schlachthöfe, Zulieferfirmen und regelrechte Industriebetriebe wie die Meindl-Werke in Dorfen und Isen, oder die Mobilöl-AG in Ampfing. Händler und neue Gewerbe siedelten sich in Bahnhofsnähe an, die Nebenbahnstrecken Thann-Matzbach–Isen–Haag (seit 1900) sowie Dorfen–Taufkirchen/Vils–Velden (seit Weihnachten 1898) vergrößerten das Austauschgebiet im oberen Isental nochmals beträchtlich.

Trotz der Kombination von Güter- und Personenwaggons gab es wöchentliche »Viehzüge«, morgens und abends den »Arbeiterzug« und nach dem Zweiten Weltkrieg so genannte »Hamstererzüge«, wie die Transporte Not leidender Münchner ins bäuerliche Umland allgemein hießen, während für diese die Isental-Bahn jahrelang als »Kalorienzug« galt.

Der Orientexpress im Isental

Wenn man so will, begann der eigentliche Siegeszug der Banane und der Orange erst mit der Bahn, und mancher Dorfkrämer im Tal nannte sich fortschrittlich »Kolonialwarenhändler«. Der Isentaler Bevölkerung öffnete sich auf einmal die Welt, aber auch umgekehrt: Die Welt kam ins Isental, umfassender und schneller als je zuvor. Und das in einer Hinsicht ganz wörtlich: Bald schon sollte auf der Bahnlinie der berühmteste Zug ganz Europas fahren. Zwischen 1883 und 1897 sahen salutierende Bahnhofs-Expeditoren und eine staunende Bevölkerung wöchentlich, wie der Orientexpress mit 60 Stundenkilometer durchbrauste! Lokalbahnhöfe wie Thann-Matzbach, Schwindegg oder Ampfing an der europäischen Strecke Lissabon – Paris – München – Wien – Konstantinopel! Wenn der Nobelzug auch nicht hielt und seine mondänen Reisegesellschaften wohl auch kaum etwas vom Isental wahrgenommen haben dürften, gehört diese fünfzehnjährige Episode doch zu den großen Ereignissen der Eisenbahngeschichte.

Das Eisenbahnunglück an der Isenbrücke 1899
Reinhard Wanka

Der September 1899 war ein äußerst regenreicher Monat mit schweren Niederschlägen, die in ganz Südbayern ungeheure Hochwasser verursachten. Auch die Isen trat über die Ufer, die Lager der Flutbrücke bei Frixing wurden unterspült, ein Brückenkopf war abgesackt. Am Abend des 13. September sollte von Mühldorf aus ein Personenzug nach Neumarkt fahren. Mit zweistündiger Verspätung fuhr er um 1 Uhr 15 ab. Der stark unterspülte Brückenkopf bei Frixing gab unter der Last des Zuges nach und dieser stürzte in die Tiefe.

Im Zug mit Lok und fünf Wagen saßen glücklicherweise keine Fahrgäste mehr. Sechs Eisenbahner jedoch kamen im Dienst ums Leben: Zugführer, Lokführer, zwei Kondukteure und zwei Heizer. Lediglich der Wagenwärter überlebte den Unfall. Ihm war es gelungen, aus dem Schlusswaggon zu klettern. Die Tageszeitung berichtete: »Der Eisenbahnzug liegt im Wasser gleich zusammengedrückte Zigarrenkistchen, ebenso die Böschung gleich zusammengeschossenen Bollwerken, die Schienen gebogen wie Haarnadeln, hängen in die Fluthen und bieten ein Chaos schrecklichster Art.«

Die Rettungsdienste konnten nicht eingreifen, »... da die Fluthen jeden Übergang über die Unglücksstätte unmöglich machten«. Nur von der Rohrbacher Seite aus konnte man an den umgestürzten Zug gelangen. Drei Stunden dauerte es, bis der einzige Überlebende gerettet werden konnte. Die tödlich Verunglückten wurden erst im Laufe der nächsten Tage geborgen. Bei der Durchsuchung des Zuges fand sich ein Koffer von Mathilde Laber, so dass vermutet werden musste, sie sei unter den Opfern. Es stellte sich jedoch heraus, dass sie den Koffer lediglich vorausgeschickt hatte und mit einem späteren Zug fahren wollte. Eine Gruppe italienischer Arbeiter hatte die große Verspätung veranlasst, in Mühldorf zu nächtigen. Der Schalterbeamte hatte ihnen erklärt, dass sie in Neumarkt keinen Anschluss hätten und es besser sei, in Mühldorf zu bleiben.

Neun Klosterfrauen verdankten ihr Leben einem Missgeschick. Der Schalterbeamte hatte einer Klosterfrau statt neun Fahrkarten nur eine ausgestellt. Bis die restlichen Karten nachgelöst waren, war der Unglückszug den Schwestern davongefahren. In Mühldorf fanden sie Unterkunft und traten am nächsten Morgen die Weiterreise an, mit dem Zug allerdings erst ab Rohrbach.

Für die Bewohner der ganzen Gegend war das Unglück eine Sensation und viele Schaulustige pilgerten an die Isen: »Die

Die Hochwasser-Katastrophe in Bayern.
Das Eisenbahnunglück bei Unterrohrbach a/d. Isen am 13./14. Sept. 1899.
Specialaufnahme von M. Obergassner.

kolossale Aufregung der Bewohner der Umgebung kann man sich denken; heute wird die Unglücksstätte von Tausenden besucht. Hochwasser und Eisenbahnkatastrophe sind jetzt das Tagesgespräch und tausende Fremde passieren jetzt Mühldorf, um den Wasserschaden und die Folgen der Eisenbahnkatastrophe in Augenschein zu nehmen. Fußgänger, Radfahrer und Fuhrwerke gleichen einem Wallfahrtszuge.«

Die Bahnstrecke Mühldorf–Neumarkt war für etwa vier Wochen gesperrt; der Postverkehr wurde in dieser Zeit durch Fahrradkuriere aufrechterhalten.

Makabre Postkartengrüße
Die eingestürzte Eisenbahnbrücke bei Frixing an der Strecke Mühldorf-Neumarkt St. Veit lockte Tausende von Schaulustigen an. Das Unglück wurde von Carl Reidelbach & Co., Kunstverlag in München sogar auf einer Postkarte verewigt. Es war damals die einzige Möglichkeit, Bilder von Ereignissen zu verschicken. In den Zeitungen wurden noch keine Bilder gedruckt, illustrierte Blätter kamen erst in den 1920er Jahren auf.

Macabre postcard greetings
Onlookers came in their thousands when the railway bridge collapsed near Frixing on the Mühldorf-Neumarkt St. Veit route. The incident was even immortalized on a postcard by the Munich fine arts publisher Carl Reidelbach & Co. At the time this was the only way of sending pictures of events: newspapers did not yet contain printed images and magazines were not published until the 1920s.

Die Widerständigen vom Isental

Dietlind Klemm-Benatzky

Es geht um 40 km von Forstinning bis Ampfing: die B 12 Richtung Passau ist auf diesem Stück für Autofahrer eine Zumutung: 20 000 Fahrzeuge pro Tag, mehr als 200 Menschen kamen in den letzten 30 Jahren hier zu Tode. Eine sichere und leistungsfähige Autobahn muss her – aber wo? Baut man die B 12 vierspurig aus oder die A 94 neu quer durchs Isental, mit Talsperrbrücken und Hangtrassen, durch Naherholungsgebiete und sogar mitten durch Bauernhöfe? Seit über 30 Jahren leistet eine Aktionsgemeinschaft gegen diese A 94 Widerstand, macht mit Festen, Konzerten, Klangspaziergängen, Bürgerversammlungen, Eingaben und Gutachten mobil gegen die Pläne der bayerischen Staatsregierung, den Bau der A 94 auf der Trasse Dorfen zu forcieren. Auch Martina und Martin Kirschner gehören zu den Widerständigen vom Isental. Dietlind Klemm hat sie im Januar 2008 auf ihrem Hof in Mimmelheim bei Schwindegg besucht.

»Wir lassen uns unsere Felder nicht zerstören« steht auf dem verwitterten Holzbrett an der Scheune. Damals – 1985 – haben es die Kirschners angebracht, als eine Gruppe von der Autobahndirektion und der Regierung von Oberbayern zur Ortsbesichtigung angereist war. Inzwischen ist ein neues dazugekommen »Stoppt den Wahnsinn«.

Seit über 25 Jahren sind Martin und Martina Kirschner beim Widerstand gegen die A 94 dabei; Vater Kirschner war der Erste, der im Gemeinderat von Obertaufkirchen dagegen gestimmt hatte, dass die Autobahn dicht an ihren Ortschaften Rimbach, Pfaffenkirchen, Frauenornau, Stierberg und Mimmelheim vorbeiführen soll. Später stießen Sohn und Schwiegertochter dazu. Hier in der Gegend ist es eigentlich nicht üblich, der Obrigkeit schon so lange und so penetrant entgegenzutreten. Über 30 Jahre – das hat's ja noch nie in Bayern gegeben! Von Pastetten bis Heldenstein kämpfen Bauern und Bürger, Betroffene und Sympathisanten gegen die Trasse Dorfen. Bei den Kirschners würde

das breite Autobahn-Betonband diagonal durch ihre Felder verlaufen, in nur 80 Metern Entfernung bedeutet das: 40 000 Fahrzeuge am Tag, Lärm Tag und Nacht, Abgase, die jede Umstellung auf eine biologische Landwirtschaft unmöglich machen würden, Schwierigkeiten, über die Autobahn zu ihren Feldern zu gelangen. Martina und Martin Kirschner haben den Milchviehhof vor 17 Jahren übernommen. Er: Typ »flotter Bauer« mit Baseballkappe im Sommer und breitkrempigem Hut im Winter, Ohrring im linken Ohr und einem gepflegten, kurzgeschorenen Bart. Sie: eine Locken-Schönheit mit lebhaften, dunklen Augen und einer warmherzigen, selbstverständlichen Art, Fremden entgegenzutreten. Beide sind Mitte 40, sie kennen sich aus der katholischen Landjugend, und vielleicht lernt man hier das, was sie nun in ihrem Aktionsbündnis »Die bessere Lösung« (gemeint ist damit, dass für sie der Ausbau der B 12 umweltverträglicher, billiger und sinnvoller ist) gut brauchen können. Dass einem nicht bange sein muss, wenn man

---

Drohende Enteignung

Weit über 100 Bauernfamilien wären beim Bau der A 94 von Enteignung betroffen. Manche Anwesen müssten der Autobahn ganz weichen, andere sind in ihrer Existenz bedroht. In seinem über 100-seitigen Urteil vom Oktober 2007 handelt der bayerische Verwaltungsgerichtshof die Belange der Bäuerinnen und Bauern in ganzen drei Zeilen ab. Sie seien »zutreffend erkannt und abgewogen« worden.

The threat of dispossession

Well over 100 farmer families face dispossession due to the construction of the A 94 motorway. Some properties have to be given up entirely, others are under severe threat. In its 100-page verdict of October 2007, the Bavarian Administrative Court deals with the farmers' claims in a mere three lines, saying they had been »appropriately recognised and taken account of«.

Der Schwammerl
bei Dorfen – ein Aussichtspunkt über dem Isental, in dessen Schutz viele nicht nur die Liebe zur Heimat entdeckt haben. Heute ist er, neben dem Lindumer Kircherl, das Symbol des Autobahnwiderstands. Vier Meter hinter dem Schwammerl würde der Einschnitt für die A 94 beginnen.

The »Schwammerl« bench
near Dorfen – a vantage point above the Isental and a popular rendezvous. Today it has become a symbol of resistance to the motorway, along Lindum church. The planned motorway section would begin four metres behind the bench.

20 Vertretern von Autobahndirektion und Regierung gegenübersitzt und angefahren wird: »Ja, glauben Sie denn, dass Sie ein Recht haben, in unberührter Natur zu leben?« Als Ortsbäuerin hat sie Selbstbewusstsein gelernt: »Ich kann mich überall hinstellen und reden«, als Katholikin ist für sie die Bewahrung der Schöpfung keine leere Worthülse. Trotzdem: alleine hätten sie nicht so lange durchgehalten, weder emotional noch finanziell. Hier in den Dörfern steht eine geschlossene Mauer des Widerstands, im Gemeinderat von Obertaufkirchen wird jedes Mal gegen die A 94 gestimmt – mit der CSU zusammen. 25 km weiter im Kreistag von Mühldorf stimmte die CSU genauso regelmäßig für die Trasse Dorfen.

Der Dreiseithof der Kirschners ist leicht zu finden: mit dem Auto vom Bahnhof Schwindegg ist man in sechs Minuten in dem kleinen Weiler Mimmelheim; von hier oben hat man einen wunderbaren Blick über wellige Felder und Wiesen bis zum gegenüberliegenden Höhenzug, hinter dem der Verkehr der B 12 Richtung Mühldorf rauscht. Hier ist davon nichts zu hören, ab und zu bellt ein Hund, ein Kind saust mit seinem Fahrrad über die Dorfstraße, nur wenige Autos kommen den Hügel hinauf, fahren in Richtung Obertaufkirchen. Natürlich brauchen die Kirschners auch ein Auto – wie alle hier in der Gegend. Martina Kirschner fährt jeden Tag nach Mühldorf, hier hat sie eine Halbtagsstelle bei der Katholischen Kirche, im Winter müssen der 12-jährige Lukas von der Schulbushaltestelle in Obertaufkirchen, der 16-jährige Korbinian von seiner Lehrstelle in der Molkerei Haag abgeholt werden. Und natürlich wird das Auto zum Einkaufen, zum Abholen der Gäste am Bahnhof, für Besuche und Fahrten zum Arzt gebraucht. Aber das Auto ist für Martin Kirschner kein Fetisch: »Wenn ich mehr als 300 km mit dem Auto fahre, kriege ich Zustände.« Die Vorstel-

lung, dass vor ihrer Tür jeden Tag pro Stunde 1700 Autos vorbeirauschen sollen, macht beide fassungslos. Womit sollen sie noch argumentieren? Dass es ein Wahnsinn ist, nicht die vorhandene Schnellstraße auszubauen und statt dessen eine ganz neue Autobahn durch eine Landschaft zu fräsen, dass hier im Isental für Pflanzen und Tiere geschützte Lebensräume, für die Bauern ihre Existenzgrundlage und für Stadt- und Dorfbewohner eines der schönsten oberbayerischen Naherholungsgebiete auf dem Spiel stehen? Alles ist tausendfach angeführt worden. Es gab Zeiten, da sah es besser aus für die A 94-Gegner, als das Gericht 2005 einen Baustopp anordnete, weil die geltenden Umweltrechte in den Plänen zu wenig berücksichtigt waren.

»Es geht ihnen nur noch ums Prinzip«

Die Betreiber der Autobahn durch das Isental haben alle Einwände in neue Pläne eingearbeitet, zum x-ten Mal neue Verläufe präsentiert. Selbst als ein ausführlicher Trassenvergleich Haag-Dorfen ergab: der Ausbau der B12 ist billiger und sinnvoller, blieb das bayerische Kabinett dabei: die A94 durch das Isental wird gebaut. Ministerpräsident Günther Beckstein hatte als Abgeordneter, als Staatssekretär und als Innenminister dafür gestimmt. Im Juni 2007 sagte er einem Reporter des Bayerischen Rundfunks ins Mikrofon: »Ich verhehle nicht, dass ich schon mal hab überprüfen lassen, was wäre denn, wenn man jetzt umsteigt.« »Es geht ihnen nur noch ums Prinzip«, sagt dazu Martin Kirschner trocken und: »Die CSU, die immer so heimatverbunden tut, hat nichts dagegen, die Heimat der Menschen im Isental zu zerstören.« Es klingt, als halte er das für eine Art Wortbruch. Dem Begriff Heimat steht er dabei eher unsentimental gegenüber, »das ist da, wo ich aufgewachsen bin, wo meine Freunde, meine Leute sind«. Man verlässt seine Heimat nicht, wenn man einen über 200 Jahre alten Hof in seiner Verantwortung hat. Vor zwei Jahren haben sie noch 150 000 Euro in den neuen Freilaufstall für ihre 35 Kühe investiert, am alten Haupthaus wurde angebaut (alles in Eigenarbeit, aber trotzdem kostenintensiv), damit Martina und Martin mit ihren zwei Buben endlich einen eigenen Wohnbereich, getrennt von Mutter und Tante, bekommen. Es lief auch nicht schlecht in den letzten Jahren mit der Landwirtschaft, der neue Milchpreis liegt hier bei 42 Cent pro Liter. Arbeit ist übergenug da, aber wenn man zusammenhilft, geht das schon. Wenn da nur nicht das Damoklesschwert der Autobahn wäre.

Viel Spielraum ist nicht mehr für die Gegner, im Oktober 2007 haben sie eine empfindliche Niederlage vor dem Bayerischen Verwaltungsgerichtshof hinnehmen müs-

sen. Jetzt bleibt nur noch das Bundesverwaltungsgericht in Leipzig.

Wir stehen im Hof der Kirschners, nach einem Rundgang um ihre Felder. Dort, wo die Autobahn sie in zwei Dreiecke zerschneiden würde. Das Wetter zeigt sich von der schönsten Seite. Grad noch Schneeregen, lässt die Sonne die nassen Felder und Bäume glänzen. Und wenn Leipzig das Aus ist für die Autobahngegner? »An des hab i no gar net denkt«, meint Martin Kirschner in seiner ruhigen Art. »Ich hab immer noch die Hoffnung, dass sich die Vernunft durchsetzt.«

Das Lindumer Kircherl

liegt sehr nahe an der geplanten Trasse Dorfen, etwa drei Kilometer südwestlich der Stadt, inmitten von Wiesen, Feldern, Wäldern und direkt an der Lappach, einer der »sieben schönen Töchter« der Isen. Die Kirche steht für vieles, wofür die Gegner der Isentaltrasse kämpfen: die schöne Landschaft, Heimat, die Schöpfung. Jedes Jahr im Juli ist der Platz bei der Kirche Ort des Sommerfestes der Initiative gegen die Isentaltrasse.

Lindum Church

is situated very close to the planned motorway section, amid meadows and forests and directly adjacent to the Lappach river, one of the »daughters of the Isen«. The church stands for much of what the Isental motorway opponents are fighting for, in particular a powerful emotional connection with the beautiful landscape. Every July the anti-motorway initiative holds its summer festival next to the church.

Weiler, Dörfer, Märkte und

ine Stadt ...

Der Weiler Weiher im Isen-Quellgebiet

Vielleicht der kleinste von den schönen Flecken im Isental, gewiss aber der stimmungsvollste, weil gleich drei Wesensmerkmale hier am obersten Anfang des Isentals zusammenkommen: ein paar muntere Bäche, weiß strahlende Kirche und gemütliche Wirtschaft. Genau in umgekehrter Richtung zum späteren Lauf kommt die zarte Isen erst als gerader Graben, dann schon hin und wieder ausreißend, von Lacken in westlicher Fließrichtung herunter. Der Rehmbach als erster Nebenbach aus dem südlichen Haager Forst lenkt sie mit seinem nie versiegenden Quellwasser nach Norden, und im Zwickel mit dem zweiten Nebenbach, dem Fahrnbach, haben Rodungsbauern schon vor über 1000 Jahren eine kleine Siedlung und bald auch eine Kirche errichtet: Wie auf einem Wiesenpolster mitten in den Hängen steht die sehenswerte, figurenreiche Laurentiuskirche da, den Satteldachturm schützend auf der Südseite und beinahe kreisrund eingefriedet vom »Gottsacker«, wie man hierzulande noch manchmal sagt. Gleich daneben der »Wirt z' Weiher«, lange der Geheimtipp der Isener »Manner« am Vatertag, heute Stall und Stadel zur freundlich-stillen Pension ausgebaut, während die Wirtsstube mit ihren paar Tischen und dem schattigen Wirtsgarten geblieben sind.

Albrecht A. Gribl

Schloss Burgrain im Abendlicht

Schloss Burgrain

Ulrich Klapp

Schloss Burgrain 1699
Valentin Gappniggs Vedute von Burgrain aus dem Jahre 1699 zeigt in naturgetreuer Darstellung die Landschaft und das Schloss noch als spätmittelalterliche Festungsanlage mit dem romanischen, ca. 25 m hohen Bergfried. Die Anlage wurde unter den Freisinger Bischöfen Hermann und Nikodem (1412–1443) vollendet und hat noch stark burgartigen Charakter.

Aus: Glaser, Hubert, Hochstift Freising; Beiträge zur Besitzgeschichte, 1990

Schloss Burgrain in 1699
Valentin Gappnigg's veduta of Burgrain from the year 1699, showing a lifelike image of the landscape and palace as a late medieval castle with the Romanesque keep rising 25 metres high.

Die fürstbischöflich freisingische Herrschaft Burgrain war ein winziges, reichsunmittelbares Territorium mitten im altbayerischen Machtbereich der Wittelsbacher. Von seiner Gründung im Jahre 811 bis zu seiner Auflösung im Zuge der Säkularisation 1803 bildete es über den beachtlichen Zeitraum eines ganzen Jahrtausends den geistlich-religiösen und weltlichen Rahmen für das Leben im oberen Isental. Schloss Burgrain, der administrative Mittelpunkt und Namensgeber dieser Herrschaft, ist heute der wohl bedeutendste Zeuge aus dieser Zeit. Wenn man in seinem Burghof steht, mag einen die Phantasie beim Anblick der mächtigen alten Mauern leicht auf eine Reise in die Vergangenheit entführen.

Das obere Isental im Bereich der risseiszeitlichen Endmoräne war wie geschaffen für die Gründung von geschützten Siedlungen. Da die Nebenbäche meist im spitzen Winkel in die Isen münden und sich einige dabei tief in die Hochterrasse eingegraben haben, entstanden vor den Mündungen herausragende Bergnasen, die sich als ausgezeichnete Befestigungspunkte anboten. Diese besondere morphologische Lage mit nach drei Seiten steil abfallenden, 40 Meter tiefen Hängen war sicher ausschlaggebend für die Gründung Burgrains. Es ist anzunehmen, dass hier schon während der Kelten- und Römerzeit ein befestigter Punkt vorhanden war. Beweise dafür sind jedoch nicht vorhanden.

Säulen als Grenzen der Herrschaft

Schriftliche Dokumente finden wir ab dem 8. Jahrhundert, als das Gebiet rund um das 747 gegründete Kloster Isen in das Interessengebiet der Bischöfe von Freising geriet und diese es verstanden, durch Kauf und Tausch – mithin auch Verdrängung – ein immer geschlosseneres Untertanengebiet zu gestalten. Atto der Kienberger, Bischof von Freising, erwarb im Jahre 808 Burgrain im Tausch von dem Edlen Riphuin aus dem bajuwarischen Adelsgeschlecht der Fagana. Dieser Tauschvertrag stellt die älteste urkundliche Erwähnung des Siedlungspunktes Burgrain dar. Ein jähes Ende fand die planmäßige wirtschaftliche Entwicklung in der Folge der Ungarneinfälle im frühen 10. Jahrhundert. Erst 1025 hören wir wieder von Burgrain. In diesem Jahr überließ Bischof Egilbert die Fronhöfe Isen und Burgrain der Kaiserinwitwe Kunigunde zur Nutznießung auf Lebenszeit. Der Bischof revanchierte sich damit für die Unterstützung Kaiser Heinrichs II. (973–1024) und seiner Gemahlin beim Wiederaufbau der verelendeten freisingischen Besitztümer.

Für die landesherrliche Gewalt der Freisinger Bischöfe über die Herrschaft Burgrain lieferte der Vertrag zwischen Bischof Emicho und Herzog Heinrich XIII. von Niederbayern (1284) die Grundlage. Folglich lassen sich seit dieser Zeit die Grenzen der Herrschaft Burgrain beschreiben, welche auch heute noch an ihrer östlichen Seite durch eine Anzahl alter Steinsäulen markiert werden. Vom Quellgebiet der Isen nördlich von Maitenbeth bis zum Richtungswechsel des Flüsschens nach Osten hin bei Lengdorf erstreckte sie sich von Süden nach Norden über nur wenig mehr als zehn Kilometer. Die durchschnittliche Ost-West-Ausdehnung betrug etwa fünf Kilometer. Im Verlauf des Dreißigjährigen Krieges plünderten Schweden und Franzosen die Burg. Angeblich fanden die Feinde einen im Turm vergrabenen »Schatz an Gold«. 1634 wütete die Pest im Burgrainer Land und 1639 wurden große Teile des Schlosses ein Raub der Flammen. Zumindest der Zehentkasten musste aber schnellstens wieder aufgebaut werden, hatte er doch für den wirtschaftlichen Kreislauf in unserem Ländchen große Bedeutung.

Barocke Schlosskirche – ein Kleinod

Im 17. und frühen 18. Jahrhundert wurde das Schloss gerne vom jeweiligen Bischof besucht, der dann in seinen Herrschaftswäldern der Jagd nachging und in den so genannten Fürstenzimmern residierte. Der herausragende Fürstbischof Johann Franz Eckher von Kapfing (1695–1727) ließ große Teile der Burg umbauen, um dem Gebäude mehr den repräsentativen Charakter eines Schlosses zu verleihen. Mit der barocken Schlosskirche schuf er als krönenden Abschluss ein kunsthistorisches Kleinod (s.S. 52). Mit Fürstbischof Eckher endete allerdings auch diese letzte Blütezeit der Herrschaft Burgrain und es scheint so, als hätten seine Nachfolger nur noch deren wirtschaftliche Erträge aus Zehent, Forstwirtschaft und Brauerei im Blick gehabt. Schließlich, im Jahre 1800, opferte man sogar das Wahrzeichen der Herrschaft, den romanischen Bergfried, als Baumaterial für einen Bierkeller! Man mag fast denken, die drei Jahre später erfolgte Auflösung der Herrschaft im Zuge der Säkularisation sei geradezu eine gerechte Strafe für diesen Frevel gewesen.

Seit mehr als 200 Jahren gibt es keine Herrschaft Burgrain mehr, und das gleichnamige Schloss hat seine Bedeutung als Mittelpunkt unseres hier betrachteten Ländchens längst verloren. In dieser Zeit hat das Schloss mehrfach seinen Besitzer gewechselt. Der Großvater des Autors kaufte das Schloss im Jahr 1919. Seit 1982 sind die beiden Brüder Ulrich und Jürgen Klapp Eigentümer und bewohnen mit ihren Familien Burgrain. Die Schlosskirche gehört zum Pfarrverband Isen und ist bei Messen und nach Anmeldung beim ortsansässigen Mesner zugänglich.

Konzert der Liedertafel Isen im Schlosshof von Burgrain
In den letzten Jahren bildete der Burghof mehrfach die stimmungsvolle Kulisse für Konzert- und Theateraufführungen. Im Hintergrund der gotische Pallas, in dem sich die so genannten Fürstenzimmer Bischof Eckhers befanden. Von deren Ausstattung blieb nur ein mächtiger Balkenträger – jetzt im Nationalmuseum in München.

Palace courtyard concert
The palace courtyard has often provided an atmospheric setting for concerts and theatrical performances in recent years.

Isen – ein Ort an seinem Fluss

Reinold Härtel

Isen gehört zu den ältesten an der Isen gelegenen Ansiedlungen. Im Mittelalter war der Ort ein wichtiges geistliches Zentrum und Mittelpunkt der Herrschaft Burgrain, heute kann die Marktgemeinde, mit über 5000 Einwohnern die viertgrößte Ortschaft im Landkreis Erding, leider nicht mehr ganz an diese Bedeutung anknüpfen. Isen ist ein beschaulicher Wohnort mit hoher Lebensqualität und regem Vereinsleben.

Die ältesten Spuren von Besiedlung im Isener Raum stammen aus vorchristlicher Zeit. So hat man in der Nähe von Isen ein jungsteinzeitliches Beil gefunden; wesentlich jünger ist eine keltische Viereckschanze bei Loipfing, die etwa 500 v. Chr. entstanden sein dürfte. Von den Kelten stammt der Name »Isen« (»reißender Fluss«). Ältester schriftlicher Beleg des keltischen Ortsnamens ist der Stationsname *Isinisca* in einem lateinischen Wegeverzeichnis aus der Zeit Kaiser Caracallas (211–217). Kleinere Orte in der Umgebung von Isen wie Altweg, Strich, Steingassen, die auf einer Geraden liegen, legen die Existenz einer Römerstraße nahe. Auf die Römer folgten die Bajuwaren. Fassbar werden sie in den so genannten ing-Orten wie Berging, Giesering, Pemmering, Penzing – allesamt Dörfer nahe Isen. Die bedeutendsten Vertreter der Bajuwaren im Raum Isen waren die adeligen Fagana, aus deren Reihen wahrscheinlich der zweite Freisinger Bischof Joseph (748–764) stammte.

Mit Bischof Joseph, der in der Zeno-Kirche bestattet ist, hat der Historiker zum ersten Mal sicheren Boden unter den Füßen. Ihm hatte Bayernherzog Odilo im Jahr 747 Vermögen für die Zeno-Kirche *(domus Sancti Zenonis)* geschenkt. So konnten die Isener Bürger 1997 das 1250-jährige Jubiläum ihrer ersten urkundlichen Erwähnung feiern, mit historischem Markttreiben, Ausstellungen und Theateraufführungen.

Das ursprüngliche Kloster war nicht selbständig, es hatte als so genanntes Wirtschaftskloster das Domstift in Freising finanziell zu unterstützen. Das Benediktinerkloster erlebte eine gewisse Blütezeit und konnte durch Schenkungen seinen Besitz vergrößern. Bedeutendster Schüler des Klosters war der spätere Salzburger Erzbischof Arn (+821). Leider währte dieses goldene Zeitalter nicht lange: die Freisinger Bischöfe entzogen dem Kloster die finanziellen Mittel zugunsten eigener Zwecke, hinzu kam, dass das monastische Ideal im 10. Jahrhundert als nicht mehr so erstrebenswert galt, ganz zu schweigen von den Schrecken und Nöten angesichts der einfallenden Ungarn. Das

Stattliches Bürgerhaus
Der stattliche, breit gelagerte Bau, in dem auch das Marktcafé seine Räume hat, ist etwa 300 Jahre alt und erlebte mehrere Umbauten. Der Erker wurde in den 1920er Jahren vom Brauereibesitzer Ringler angebaut, dem das Haus gehörte.

Bürgerhaus
The stately, broadly conceived construction which also houses the Marktcafé is some 300 years old and has seen a number of modifications. The bay window was added in the 1920s by the brewer who owned the building at the time.

Ortszentrum von Isen
Im Vordergrund in der Mitte die Kirche St. Zeno, rechts davon an der Gabelung von Münchner Straße und Bischof-Josef-Straße das alte Rathaus, nördlich in der Münchner Straße das neue Rathaus, am St. Zeno Platz westlich der Kirche der ehemalige Dechanthof, das Marktcafé und das Katholische Pfarramt in der Bischof-Josef-Straße.

In the centre of Isen
In the centre foreground the church of St. Zeno, to the right of it at the fork of Münchner Straße and Bischof-Josef-Straße the old town hall, to the north in Münchner Straße the new town hall, on St. Zeno Platz to the west of the church the former deaconry, the Marktcafé and Catholic Rectory in the Bischof-Josef-Straße.

Benediktinerkloster ging unter und verschwand im Dunkel der Geschichte.

Kollegiatstift und frühe Pfarrverfassung

Im Jahre 1025 übertrug der Freisinger Bischof Egilbert das Stift Isen Kaiserin Kunigunde als Witwengut. Das Kloster Isen wurde in ein Kollegiatstift umgewandelt. Dabei handelte es sich um eine Gemeinschaft von Priestern, die Privateigentum besaßen, aber nach der Regel des hl. Augustinus (354–430) in der Stiftskirche gemeinsam ihre Gottesdienste und das Stundengebet feierten. Leiter des Stifts war formell der Propst, ein Freisinger Domkapitular, faktisch aber lag die Leitung in den Händen des Dekans.

Der Dechanthof war daher das größte Stiftsgebäude in Isen, und noch heute kann man das unter Pfarrer Robert Hlawitschka (1977–2006) aufwändig renovierte Haus am St. Zeno Platz bewundern. Die anderen Stiftsgebäude sind mit Ausnahme der ehemaligen Stallungen in der Dorfener Straße nicht mehr erhalten. Die Stiftskanoniker, an deren Leben noch viele Grabtafeln in der Kirche St. Zeno erinnern, waren Scholasten, Ökonomen und Kirchenmusiker innerhalb des Klosters beziehungsweise Pfarrer in Schwindau, Walpertskirchen, Burgrain-Mittbach und Lengdorf. In Isen selbst hatten die Kollegiatsherren seit 1228 das Pfarrvikariat inne. Als Pfarrkirche diente zu dieser Zeit nicht die Zeno-Kirche, sondern die Allerseelenkirche. Das gotische Gebäude mit Zwiebelturm kann man auf einem Stich von Matthäus Merian (1593–1650) gut erkennen. Es war »ein ausgezeichnet schönes Gotteshaus mit prächtigem Turm und Krypta«. Nach der Säkularisation wurde die Allerseelenkirche abgerissen (1806).

Doch damit sind wir der Zeit vorausgeeilt. Die Zeno-Kirche war etwa 1180 im romanischen Stil umgebaut worden, wie es die lateinische Inschrift über dem Portal verrät. Dieses eindrucksvolle Portal ist ein wahrer Katechismus: durch Sünden verbaut man sich den Zugang zum Himmel, aber mit Hilfe der Gnade Christi und des Befolgens der Zehn Gebote erfährt man Erlösung (s. S. 55). Außer dem Portal muss man die einzigartige romanische Krypta, die in der Karwoche ein stimmungsvolles Ambiente für das Heilige Grab bietet, erwähnen. Der Stich Merians zeigt neben Zeno- und Allerseelenkirche ein drittes Gotteshaus: die Johanniskirche. Dieses gotische Kirchlein diente wahrscheinlich als Taufkirche und wurde etwa 1680 durch einen Brand zerstört.

Herrschaft Burgrain und Marktrechte

Das Jahr 1284 markiert staatsrechtlich einen wichtigen Einschnitt in der Geschichte Isens. Der Freisinger Bischof Emicho übertrug Lehensgebiete um Isen an den niederbayerischen Herzog Heinrich XIII., behielt sich aber die Vogtei und die Ausübung der Blutgerichtsbarkeit vor. Dies war die Geburtsstunde der »Herrschaft Burgrain«, eines Freisinger Kirchenstaates inmitten des bayerischen Umlandes. Damit war eine Reihe von Problemen vorprogrammiert. So hatte sich das Stift Isen erhofft, stellvertretend für den Freisinger Bischof die Herrschaftsrechte im Burgrainer Ländchen ausüben zu dürfen, doch der Bischof setzte einen bevollmächtigten Pfleger ein. Außerdem entstand allmählich etwas, das man Bürgerbewusstsein nennen könnte. 1434 hatten die Isener von Kaiser Sigismund (1368–1437) das Marktrecht erhalten, 1548 ihr Marktwappen, eine Wassernixe mit zwei Schwänzen, die die Isener beschützen soll.

Die Märkte waren wichtige gesellschaftliche Ereignisse. Der Kreuzmarkt, der jährlich am 5. Sonntag nach Ostern begangen wird und aufgrund der Stände, die Markt-

Das alte Rathaus
wurde im 15. Jahrhundert zwischen der Bürger- und der Stiftszeile errichtet. Den charakteristischen Stufengiebel erhielt es bei der Renovierung 1893. Das Rathaus diente damals als Verwaltungsgebäude und Arreststube, beherbergte aber auch den öffentlichen Tanzsaal, heute das Heimatmuseum.

The Town hall
was built in the 15th century between the Bürgerhaus and the Stiftszeile. The characteristic stepped gables were added when it was renovated in 1893.

Maibaum
Schnappschuss vom Maibaumaufstellen im Jahr 2002

May pole
Snapshot of the May pole hoisting ceremony in 2002

nacht, Musikdarbietungen und des Flohmarkts ein echter Anziehungspunkt ist, lässt noch heute etwas von der alten Marktherrlichkeit erahnen.

Um die gesellschaftliche Stellung der damaligen Bürger richtig einzuschätzen, sollte man auch die Rolle der Zünfte nicht gering veranschlagen: Bereits 1305 gab es ein »Isener Getreidemaß«, und seit der Markterhebung war eine Reihe von Zünften entstanden. Ein sichtbares Zeichen dieser stolzen Handwerksvereinigungen sind die Zunftstangen in der Kirche St. Zeno. Der (unversöhnliche) Stolz der einzelnen Isener Gruppen kulminierte in einem Streit, der sich im Marktbrand von 1638 entlud. Eine Votivtafel und eine noch lebendige Wallfahrtstradition nach Tuntenhausen erinnern an diese Katastrophe.

Ortsbild und Kirchengebäude

Die Isener Interessengruppen lassen sich sehr schön am Ortsbild ablesen. Die Bischof-Josef-Straße als obere Zeile war die Straße des Stifts, die heutige Münchner Straße war die Zeile der Bürger, und man kann noch erahnen, dass es sich dabei ursprünglich um einen großen rechteckigen Platz handelte, wo man Märkte abhielt. Zwischen Bürger- und Stiftszeile wurde stolz das Rathaus hineingesetzt. Der erste Bau an dieser Stelle entstand im 15. Jahrhundert, den charakteristischen Stufengiebel erhielt er bei der Renovierung 1893. Das Rathaus diente damals als Verwaltungsgebäude und Arreststube, aber auch als öffentlicher Tanzsaal.

Zwischen dem Marktbrand 1638 und dem großen Stiftsjubiläum im Jahre 1760 hat man auch die Zeno-Kirche im Barock-Rokoko-Stil umgestaltet. Vorbild war der Freisinger Dom. So stellte der Münchner Hofmaler Ulrich Loth (1600–1662) eine Kopie des Freisinger Hochaltargemäldes (»Apokalyptische Frau« von Peter Paul Rubens) her, und die Bezeichnung »kleines Freising« trifft sehr gut die Gesamtanlage des Kirchengebäudes. Der Stuck an der Kirchendecke stammt von Stuckateuren aus der berühmten Wessobrunner Schule, und es ist erwiesen, dass der junge Johann Baptist Zimmermann (1680–1756) an diesem Werk mitwirkte.

Der Weg in die Gegenwart

Am 2. Dezember 1802 wurde die Herrschaft Burgrain und somit auch das Stift Isen säkularisiert, eine fast 1000-jährige Epoche ging zu Ende. Isen wurde 1806 dem Königreich Bayern eingegliedert. 1808 kamen Isen, Mittbach, Schnaupping und Westach zum Landgerichtsbezirk Erding – die künftigen kommunalen Grundstrukturen waren damit vorgezeichnet. Im ersten Jahrzehnt des 19. Jahrhunderts wurde die bisherige Stiftskirche zur Pfarrkirche bestimmt. Einige Jahrzehnte später sollte die Kirche St. Zeno dem Zeitgeschmack entsprechend entbarockisiert und mit nazarenischen Kunstwerken ausgestattet werden, was aber nicht vollendet werden konnte. Im Gegenteil: 1904 kam ein neubarocker Hochaltar mit einem Zeno-Bild samt Kanzel in die Kirche.

Die Dialektik von alt und modern beziehungsweise nüchtern und überbordend, die sich bei der Gestaltung des Gotteshauses zeigte, zieht sich in Isen durch das ganze 19. und 20. Jahrhundert hindurch. Neuerungen wie die Straßenbeleuchtung mit Petroleum (1876), die Kanalisation (1884–1886), die Eisenbahn (1900), das Telefon (1904), das Auto (1908) und der elektrische Strom (1897) hielten Einzug. Andererseits speiste die Isen zur selben Zeit innerhalb des Ortes am Gries vier traditionelle Mühlen, in 14 Brauereien und Gasthöfen wurden wie eh und je Gesellschaftstage abgehalten, und zeitgleich mit der Eisenbahn errichtete man unterhalb der Josefskapelle am Ranischberg eine Lourdesgrotte zur Erbauung der frommen Seelen. Die Grotte – wie auch der Marktbrunnen und die Eirene auf dem Giebel des Alten Rathauses (s. Bild S. 85) – wurden von Professor Max Heilmaier (1869–1923) geschaffen, einem Isener Bürgersohn, der durch seine Mitarbeit am Münchner Friedensengel berühmt wurde. Das Alte Rathaus hatte 1936 ausgedient, die Gemeindeverwaltung zog in das Rathaus an der Münchner Straße um. Dieses neue Rathaus, jahrelang mit Efeu berankt, wurde etwa 70 Jahre später umfassend renoviert; es verbindet seit 2007 klare geometrische Formen mit traditioneller Funktionalität – ein diskussionswürdiges Ergebnis, dem ein Architektenwettbewerb vorangegangen war.

Beschauliche Ruhe – die neue Lebensqualität

Das Alte Rathaus diente nach dem Zweiten Weltkrieg zunächst als Flüchtlingslager und Schule, ehe man ab 1951 Archivalien darin lagerte und 1969 das Heimatmuseum mit Exponaten zum kirchlichen und bäuerlichen Leben einrichtete. Nach dem Zweiten Weltkrieg wuchs die Ortschaft rasch an, für viele Vertriebene wurde der Markt zur neuen Heimat. Um den alten Ortskern gruppierten sich die Josefssiedlung, der Josefsberg, die Siedlung am Bahngleis, der Sandberg, später die Siedlung an der Hochstraße und Isen Süd. Selbst ein Hochhaus kann Isen aufweisen, doch urbanes Leben hat sich deswegen nicht durchgesetzt! Im Gegenteil: Die meisten werktätigen Bewohner Isens pendeln tagsüber zur Arbeit in die näheren Städte, Ruhe und Muße sind zu einem Wesensmerkmal ihres Lebens in Isen geworden – Ort und Fluss Isen ein Gegenpol zu Hektik und Stress, Heimat, in der man sich wohlfühlen kann.

»Klein-Freising«
Als im Jahr 1760 die Zeno-Kirche im Barock-Rokoko-Stil umgestaltet wurde, diente der Freisinger Dom als Vorbild. Stuckateure der Wessobrunner Schule gestalteten die Kirchendecke. Auch der berühmte Johann Baptist Zimmermann wirkte mit.

Modelled on Freising
When the church of St. Zeno was redesigned in the Baroque-Rococo style in 1760, it was based on Freising Cathedral. Stucco workers of the Wessobrunn School also created the ceiling of the church.

Lengdorf

Albrecht A. Gribl

Das moderne Lengdorf
Das alte und das neue Ortszentrum mit Rathaus und Bankgebäude gegenüber der Kirche. Hier, auf dem »Burgberg«, stand die einstige Holzburg der »Lengindorfer«, dann die Schule.

Lengdorf
The old and new village centre with town hall and bank building opposite the parish church.

Ort und Gemeinde Lengdorf markieren das »Isen-Knie« – die Wendung des Flusses nach etwa 10 km seines Laufes nach Osten, dem Inn zu. Die Landgemeinde im südöstlichen Landkreis Erding mit etwa 2700 Einwohnern und nicht weniger als 56 Ortschaften hat sich vom bäuerlich-handwerklich geprägten Dorf mit seinen Nebenorten zu einer modernen Gemeinde entwickelt. Grundschule, Kindergarten, Dienstleistungsbetriebe, 19 Vereine, Sporthalle und Freizeitanlagen gehören dazu. Der »Menzinger« mit Gasthaus, Metzgerei und Landwirtschaft ist weit über Lengdorf hinaus bekannt; sein großer Saal wird für Versammlungen, Theateraufführungen und Veranstaltungen genutzt.

Der 1090 erstmals genannte Ort entstand an einem Übergang der Isen, der von der Burg der Herren von Lengdorf beherrscht war. Der Sitz dieser »Edlen von Lengindorf« lag auf dem späteren Schulberg gegenüber der Kirche, wo heute innovative Rathaus- und Bank-Architektur die alte und neue Dorfmitte einnimmt.

Die Pfarrkirche St. Peter zeigt im Inneren eine barockzeitliche Ausstattung, lediglich die lebensgroße Skulptur des hl. Petrus um 1450 an der Nordwand stammt von der spätgotischen Einrichtung. Wie seit Jahrhunderten umgibt der ummauerte, im Zuge der Kirchenerweiterung von 1921 vergrößerte Friedhof das Gotteshaus, im nördlichen Teil mit stilvollen, efeuumrankten Schmiedeeisenkreuzen für die Gefallenen der Weltkriege.

Besuchenswerte Filialkirchen

Die Filialkirchen in Matzbach und Watzling, zu denen im 20. Jahrhundert Niedergeislbach und Außerbittlbach kamen, sind allesamt sehenswert. Ihre Zwiebeltürme verraten die barocken Umgestaltungen, während sie im Kern und erkennbar an ihren Patrozinien weit älter sind. Erwähnung verdienen in St. Martin von Matzbach eine derbe, wenn auch zutiefst volkstümliche Skulpturengruppe des Kirchenpatrons hoch zu Ross mit Bettler und Wasser trinkender Gans; im Vorraum von Watzling der über 2 m hohe Epitaph des

»Leutpriesters« (Pfarrers) Nikolaus Pfaffinger aus dem Jahr 1319. Das Thanner Nikolaus-Kircherl hat vor wenigen Jahren seine zierliche Zwiebel zurückbekommen und kann mit einem erstaunlichen Altar von 1721 aufwarten, der sowohl den Kinderfreund und Helfer in Seenot St. Nikolaus als auch die Nebenpatrone Johannes und Paul, die so genannten »Wetterheiligen«, zeigt.

Außer- und Innerbittlbach

Vom herrlich gelegenen Außerbittlbach hat man den Blick nach Isen wie nach Lengdorf. Behäbige Höfe wie der »Roterl«, der »Huber« und der »Wirt« breiten sich zu Füßen der Stephanskirche aus. Dort fällt bei der sitzenden Madonna von etwa 1450 besonders der Mond in Gestalt eines großen liegenden Kopfes auf. Ob der berühmteste Sohn der Gemeinde, der spätere Erzbischof von Salzburg, Arn (um 740–821), aus Außer- oder Innerbittlbach stammt, ist nicht zu klären, da erst seit 1478 zwischen beiden Orten unterschieden wird. Mehr spricht für Innerbittlbach, denn die dortige Ulrichskirche hat immer zum freisingischen Burgrain und bis 1827 zur Pfarrei Pemmering gehört, Außerbittlbach zu Walpertskirchen. Jedenfalls ist bereits im Jahr 758 in einer Freisinger Urkunde für Bittlbach eine Kirche bezeugt, eine der ältesten Kirchen im ganzen Isental.

Das unscheinbare Kopfsburg hatte eine große Vergangenheit und war lange bedeutender als Lengdorf selbst. Heute erinnern nur noch die Ortsbezeichnung und der Hofname »beim Schlossbauern« an die einstige Burg des Ministerialengeschlechts der »Kopf«, an Hofmark und späteres Schloss. Heute ist noch der einstige runde Wassergraben um den Hügel erkennbar. Nach den Kopfern saßen hier die Preysinger und ab 1682 die Freisinger Fürstbischöfe. 1695–1711 entstand das hochragende Schloss mit seinem Wassergraben, wie es Valentin Gappnigg 1699 in Freising gemalt und Michael Wening etwa 15 Jahre später in Kupfer gestochen hat. Ins bäuerliche Kopfsburg war höfischer Glanz eingekehrt, bis 1803 das alte Hochstift an Bayern fiel und das große Abbrechen begann. Im Zuge der Gebietsreform wurde 1978 fast die gesamte Gemeinde Matzbach Kopfsburg eingegliedert; dadurch verdoppelten sich Fläche und Einwohnerzahl in etwa.

Lengdorf wächst – in den letzten zehn Jahren um 18%. Dies liegt an der günstigen Verkehrsanbindung nach München mit dem Bahnhof Thann-Matzbach und über 220 Tagespendlern, am Arbeitsplatz Flughafen München und an den attraktiven Baugrundstückspreisen.

Pfarrkirche St. Peter ursprünglich ein spätgotischer Bau, der um 1760 barockisiert wurde. Der ummauerte Friedhof umgibt das Gotteshaus, im nördlichen Teil mit stilvollen, efeuumrankten Schmiedeeisenkreuzen für die Gefallenen der Weltkriege.

The parish church of St. Peter was originally a late Gothic building but was converted to the Baroque style in 1760. The walled cemetery surrounds the church; in its northern section there are stylishly designed ivy-covered cast iron crosses which stand as a memorial to those killed in the two World Wars.

Dorfen

Wolfgang Lanzinger

»Zu groß für ein Dorf – zu klein für eine Stadt« – dieses Urteil über den Ort mit dem wenig städtisch klingenden Namen ist alles andere als schmeichelhaft für ein künftiges Mittelzentrum. Immerhin drückt es aus, dass das aufstrebende Dorfen sich den Charme und das Flair einer kleinen Provinzstadt bewahrt hat. Der Besucher wird aus allen Richtungen in die sanierte historische Altstadt geleitet, in deren Bauten und Plätzen sich vieles aus der Geschichte der Stadt spiegelt.

Die kreuzförmig angelegte historische Altstadt ist geprägt von vier großzügig bemessenen Plätzen und spiegelt die hohe Prosperität Dorfens im Mittelalter wider. Die Grundlage dafür bildete die Verleihung der herzoglichen Marktrechte 1229/37. Von Süden her gelangt man über die Haager Straße auf den Rathausplatz. Einst hatte man dabei das 1885 abgetragene Haager Tor zu durchqueren. Die Giebelwand des 1860 erbauten Rathauses erinnert an den Baustil der Inntalstädte. In den Platz ragt das altehrwürdige frühere Rathaus hinein, das 1858–1960 das Amtsgericht beherbergte.

Am Schnittpunkt der Plätze steht die 1390 erbaute, im Kern gotische Marktkirche St. Veit, die auf einem Deckengemälde von Johann Mang das Dorfen des Jahres 1799 zeigt. Nach Osten hin erstreckt sich der Untere Markt mit einer Reihe stattlicher Bürgerhäuser, deren kleinstes, das Brothaus, einen bemerkenswerten gotischen Balkon trägt. Über das Altöttinger Tor verlässt man den Markt zur B15. Im Westen der Marktkirche breitet sich der Marienplatz mit den imposanten Fassaden der Brauereien Bachmayer und Wailtl und dem modernen Geschäftshaus »Marienhof« aus. Seinen Namen verdankt der Platz der 1864 aufgestellten Mariensäule. Seinen Abschluss bildet das Isener Tor.

Wehrhafte, geschützte Siedlung

Die Altstadt war von wehrhaften Toren und Palisaden geschützt, eine gesicherte Siedlung, von einem Herzoggraben umgeben, der 1893 eingefüllt wurde und seither als Spazierweg beliebt ist.

Nach Norden führt der Weg über den Kirchtorplatz, das Kirchtor (oder Wesner-Tor) und über die Isenbrücke auf den Johannisplatz. Über die alten Pilgertreppen, die »Stepfen«, gelangt man auf den Ruprechtsberg, Dorfens »Heiligen Berg«, mit der Pfarr- und Wallfahrtskirche Maria Dorfen, die nach dem Einsturz des Langhauses 1784–1790 im frühklassizistischen Stil neu erbaut wurde.

Das geistliche Dorfen

Die Dorfener Marienwallfahrt stand in der Barockzeit auf einer Stufe mit Altötting. Durchschnittlich 67 000 Wallfahrer im Jahr suchten im 18. Jahrhundert Hilfe bei »Unserer Lieben Frau«. 1717–1719 erfolgt der Bau eines Priesterhauses. Die Gebrüder Asam konzipieren um 1740 einen neuen Gnadenaltar für die Wallfahrtskirche (s. S. 55), und 1775 wird gar ein Teil des Freisinger Priesterseminars ins Dorfener Priesterhaus verlegt. Beredtes Zeugnis der alten Marienwallfahrt ist die kostbare, 1990–1995 aufwändig restaurierte Barockkrippe.

Eine Zäsur brachte die Säkularisation von 1803. Neben der »Entrümpelung« zahl-

Links: Unterer Markt
Prächtige Fassaden der Bürgerhäuser am Unteren Markt.
Unten: Das Kirchtor
Das Kirchtor, auch Wesner-Tor genannt – der frühere Besitzer Georg Wesner führte im Laden daneben eine Konditorei und Wachszieherei.

Left: Unterer Markt
The splendid facades of the houses on the Unterer Markt
Below: the Kirchtor
The Kirchtor, also referred to as Wesner Tor, was named after its former owner Georg Wesner.

Maria Dorfen
Die altehrwürdige Pfarr- und Wallfahrtskirche Maria Dorfen mit dem Ruheheim der Armen Schulschwestern, dem ehemaligen Priesterhaus.

Maria Dorfen
The time-honoured parish and pilgrimage church Maria Dorfen with the »Ruheheim der Armen Schulschwestern«, the former priest's lodging.

reicher Votivgaben der Dorfener Wallfahrtskirche wurde auch das Priesterseminar abgezogen, der Pilgerzustrom ebbte rasch ab. Für das Priesterhaus fand sich eine neue Verwendung als Korrekturanstalt für gemaßregelte Geistliche. Seit 1913 ist es im Besitz der Armen Schulschwestern, die es als Ruheheim für Ordensangehörige führen. 1914 wurde auf dem Ruprechtsberg der stattliche Pfarrhof errichtet. Maria Dorfen hatte sich als Pfarrsitz erst 1813 von der Mutterpfarrei Oberdorfen abgenabelt. Nach wie vor ist die Wallfahrtskirche das Ziel von Pilgergruppen aus dem Landkreis, aber auch aus der Oberpfalz.

Im Umland finden sich neben sehenswerten Filialkirchen (Hampersdorf, Jaibing, Jakobrettenbach, Kleinkatzbach, Staffing) auch zwei Klöster: Die Barmherzigen Brüder führen in Algasing ein Wohn- und Pflegeheim sowie eine Werkstätte für behinderte Menschen, die Armen Schulschwestern in Kloster Moosen ein Kinderheim mit Hort.

Mit der Versöhnungskirche am Rathausplatz verfügt seit 1994 auch die evangelische Gemeinde über ein eigenes, kunstvoll gestaltetes Gotteshaus.

Meilensteine aus Dorfens Geschichte

Bodenfunde aus der Umgebung der Stadt weisen auf eine keltische Besiedlung hin. Manches spricht dafür, dass Dorfen mit der in alten Karten eingezeichneten Römersiedlung *Turum* identisch ist. Der gesicherte Verlauf der Römerstraße Regensburg–Rosenheim stützt diese These.

Die erste urkundliche Nennung als »dorfin« ist 773 datiert. Der Sage nach ist die »Grundsteinlegung« Dorfens drei edlen Brüdern zu verdanken – darauf nehmen die drei »Häusl« im Stadtwappen Bezug.

Im Lauf der Jahrhunderte blieb Dorfen auch vor Unheil nicht verschont. 1422 verwüsteten im Wittelsbacher Erbfolgestreit Truppen des Ingolstädter Herzogs Ludwig den zu Landshut gehörenden Markt und töteten zahlreiche Bürger, 1504 folgten Soldaten des oberbairischen Herzogs Albrecht diesem Beispiel. Im Dreißigjährigen Krieg trieben die Schweden ihr Unwesen in Dorfen und missbrauchten die Wallfahrtskirche als Pferdestall und Schlachthaus. Damals forderte auch die Pest zahlreiche Todesopfer, nahezu ein Drittel der Bevölkerung wurde ausgelöscht. Außerhalb des Marktes legten die Bürger einen Pestfriedhof an und errichteten einem Gelöbnis zufolge 1635 die Sebastianskirche. Im Jahr 1650 erschütterte zudem eine Feuersbrunst den Markt, dessen südöstliches Viertel ein Raub der Flammen wurde. Wenn die Isen über die Ufer trat, machte Dorfen auch die Naturgewalt des Wassers zu schaffen.

Von Aufruhr und Rechtsbruch

Nicht von ungefähr steht der Menschenschlag des Dorfener Raums im Ruf, einen gewissen Hang zur Rebellion im Blut zu haben. Josef Martin Bauer: »Man war nie behäbig, wie es die bürgerlichen Häusergiebel vermuten lassen könnten. Eher war man zu handgreiflich drastischen Demonstrationen bereit, wenn man sich wehrte gegen Zeitentwicklungen. Von derlei handfesten Lebensäußerungen weiß die ungeschriebene Geschichte, die mit einem viel sagenden Augenzwinkern erzählt wird, einiges zu berichten.« (Münchner Merkur, 20./21. Nov. 1954)

Um 1560 waren 2/5 der Gläubigen der Pfarrei Oberdorfen (mit dem Markt Dorfen) der evangelischen Konfession sehr zugetan, wohl beeinflusst durch die Einführung des Luther-Glaubens in der benachbarten Haager Grafschaft.

Am Unsinnigen Donnerstag herrscht in Dorfen der Ausnahmezustand. Tausende weißgewandeter Hemadlenzen ziehen durch die Altstadt, holen Prinzenpaar und Bürgermeister (im Rathaus) ab und feiern am Marienplatz die Verbrennung eines Stroh-Hemadlenzen, die symbolische Vertreibung der Wintergeister.

Fat Thursday is an exceptional day in Dorfen. Thousands of white-clad »Hemadlenzen« from near and far pass through the town centre, collect the Royal Couple (from the Unteres Tor) and the mayor (from the town hall) and finish off the celebrations on Marienplatz with the burning of a straw »Hemadlenz«.

Der Heimatforscher Dr. Emil Rudolf sen. meint nachweisen zu können, dass Dorfen im Frühmittelalter wegen seiner Verwicklung in den Martertod des Hl. Bischofs Emmeram (652) mit dem Kirchenbann abgestraft wurde. Um 1830 hielt die Bande um den »roten Hanickl« die Dorfener Gegend in Atem, raubte Bauernhöfe aus und schreckte auch nicht vor Misshandlung und Tötung zurück (s. Randspalte). Als 1910 die Regierung eine Bierpreiserhöhung um einen »Zwoaring« verordnete, kochte die Volksseele; in Dorfen kam es zu einem regelrechten Bierkrieg (Näheres s. S. 49).

Das kulturelle Leben

Die reiche Vielfalt kultureller Ereignisse und Initiativen in Dorfen ist das Resultat des großen Engagements vieler Bürger. Zahlreiche Impulse wie »Belcanto-Abend«, »Jazz am Weiher«, »Kultur am Berg«, »Kulturnacht«, »Haferlmarkt« und »Kirtaausstellung« sowie der Christkindlmarkt mit Krippenweg gehen vom Kulturellen Arbeitskreis aus. Das Heimatmuseum hat der Historische Kreis aufgebaut. Der Brauchtumspflege haben sich die preisgekrönten Trachtenvereine D'Stoarösler Dorfen und Almrausch Wasentegernbach verschrieben. Die Karnevalsgesellschaft regiert im Fasching, dessen Höhepunkte Maschkeraversammlung und Hemadlenzenumzug bilden. Mit den »Faschingsdeifen« hat sich ein zweiter närrischer Verein etabliert.

Viele Chöre und Instrumentalgruppen bereichern das kulturelle Leben mit Darbietungen von hoher Qualität. Hinzu kommen diverse Kunstausstellungen und Laienschauspielensembles. Überregional fanden Theaterprojekte wie »Der Bierkrieg zu Dorfen« (1995, 1999), »Dreigroschenoper« (1995), »Watzmann« (1997), »Kasimir und Karoline« (2006) oder »Der rote Hanickl« Beachtung.

Neue Impulse für das kulturelle Leben sind von der Sanierung des von der Stadt erworbenen historischen Jakobmayer-Hauses zu erwarten, das zu einem Forum der Kultur ausgestaltet werden soll.
Von Dorfens Kunstschaffenden seien nur wenige herausgehoben, so mit dem Stuckateur Johann Anton Pader (1711–1786) und dem Altarschreiner Mathias Fackler (1721–1792) zwei herausragende

---

»Der rote Hanickl«

Das Theaterstück »Der Rote Hanickl« handelt von einer Geschichte aus den Jahren 1833/34. Die Räuberbande des »Roten Hanickl« trieb in der Dorfener Umgebung ihr Unwesen. Ihre Mitglieder überfielen die Bauernhöfe im weiten Umkreis, legten Feuer und drangsalierten die Bevölkerung. Der Isener Autor Leonhard Michael Seidl verarbeitete diesen historischen Fall zu einem Volksstück, das 2007 von der Erdinger Sinnflut-GmbH im Rahmen eines Kulturfestivals in Dorfen uraufgeführt wurde.

»Der rote Hanickl«

The play »Der Rote Hanickl« tells a story dating back to 1833/34. The »Rote Hanickl« was a band of robbers which terrorised the people of Dorfen and the surrounding countryside, raiding farms and setting fire to the land. The Isen-born author Leonhard Michael Seidl made this the subject of a popular play which was premiered in 2007 by the Erdinger Sinnflut-GmbH as part of a cultural festival in Dorfen.

Josef Martin Bauer
Wolfgang Lanzinger

Nirgends in Dorfen halten sich so viele Menschen auf wie in der Josef-Martin-Bauer-Straße mit dem Schulzentrum. Das Haus des Erfolgsautors liegt am Ende der Straße. Früher stand es dort noch allein oberhalb der Altstadt Dorfens. Im weiträumigen Garten pflegte Josef Martin Bauer seine Rosen. Heute bietet das von Sep Ruf geplante, 1936 errichtete Haus einen traurigen Anblick und wartet auf die dringend nötige Sanierung. Seine letzten Bewohner hinterließen es in verwahrlostem Zustand.

Der Name Josef Martin Bauer wird in ganz Deutschland und darüber hinaus mit dem Roman »So weit die Füße tragen« assoziiert. Die Beschreibung der dreijährigen Odyssee eines deutschen Kriegsgefangenen nach seiner Flucht vom Ostkap zurück in die Heimat, von der Bauer erfahren hatte, wurde zum Welterfolg. Das in 15 Sprachen übersetzte und zweimal verfilmte Werk wird noch immer gern gelesen.

Der Bäckerssohn Sepp Bauer kam am 11. März 1901 in Taufkirchen/Vils zur Welt, wuchs in Hofkirchen auf und sollte nach dem Willen der Eltern Priester werden. Er verließ jedoch vorzeitig das Freisinger Theologie-Seminar und schlug sich mit Gelegenheitsarbeiten durch, ehe er ab 1922 beim Grafen Montgelas in Egglkofen einige Jahre als Buchhalter in Lohn und Brot stand. 1927 fand er eine Anstellung als Redakteur der Dorfener Lokalzeitung, im selben Jahr heiratete er Gertrud Jandl aus Neumarkt-St. Veit.

Rasch stellten sich schriftstellerische Erfolge ein. Für sein Erstlingswerk, den Siedlerroman »Achtsiedel«, erhielt Bauer 1930 den »Jugendpreis deutscher Erzähler«. Es folgten mehrere Romane aus der bäuerlichen Lebenswelt, so »Die Notthafften« (1931) und »Die Salzstraße« (1932). Nach 1933 konnte sich der Autor und Funktionär der Bayerischen Volkspartei dem Einfluss des Nationalsozialismus nicht entziehen. Er wurde zum Parteibeitritt genötigt, veröffentlichte Beiträge im »Völkischen Beobachter« und verfasste als Kriegsberichterstatter auch chauvinistisch gefärbte Texte. Nach dem Krieg wurde daher Bauers Haus von der Dorfener Marktverwaltung beschlagnahmt. Außerdem hatte sich der Autor der Entnazifizierung zu unterziehen, bei der er als Mitläufer eingestuft wurde. Mit der Ernennung zum Ehrenbürger Dorfens 1951 wurde Bauer gänzlich rehabilitiert.

Als Schriftsteller konnte Josef Martin Bauer nach 1945 nur mühsam wieder Fuß fassen und verdingte sich deshalb als Erntehelfer und Metallarbeiter, ehe sich mit »So weit die Füße tragen« 1955 ungeahnter Erfolg einstellte. Aus dem Spätwerk des Autors heben sich vor allem sein Roman-Epos »Kranich mit dem Stein« (1958) über Freisings Kardinal Faulhaber und sein autobiografisch geprägter Roman »Siebtens die Gottesfurcht« (1962) ab, ebenso die Dialektfibel »Auf gut bayerisch« (1962) sowie die Fantasieerzählung »Das Mondschiff« (1969) und zahlreiche Hörspiele. Das Volksschauspiel »Further Drachenstich« wird bis heute in der Fassung von Josef Martin Bauer von 1951 aufgeführt.

1957 erlitt Bauer einen Herzinfarkt. Auch sein Augenlicht verschlechterte sich allmählich. 1964 erblindete er. Am 15. März 1970 verstarb der Träger des Bayerischen Verdienstordens, des Ehrenrings des Landkreises und des Münchner Poetentalers. Er ruht auf dem Dorfener Friedhof.

»*So weit die Füße tragen*«
Der Welterfolg Josef Martin Bauers erzählt die Geschichte des deutschen Wehrmachtsoffiziers Cornelius Rost, dem 1949 die Flucht aus einem nordostsibirischen Gefangenenlager (Gulag) gelang und der sich auf abenteuerliche Weise in drei Jahren über 14 000 km bis nach Persien durchschlug.

»*As far as my feet will carry me*«
The international best-seller by Josef Martin Bauer tells the story of the German army officer Cornelius Rost who succeeded in escaping from a Siberian labour camp in 1949 and arrived in Persia three years later having covered more than 14,000 kilometres. Bauer (1901-1970) was a Dorfen resident.

Das Stellvertreterhaus

Das Hochwasserbecken der Isen wurde gebaut, um Menschen und Gebäude vor Überschwemmungen zu schützen. Die Skulptur des Stellvertreterhauses von Gabriele Obermaier erleidet auf einer symboli-

schen Ebene das Schicksal, das jetzt den Menschen erspart bleibt. Das Haus im Hochwasserbecken wird je nach Regenmenge mehr oder weniger stark überschwemmt.

The sculpture of the »Stellvertreterhaus« in the flood basin of Dorfen by Gabriele Obermaier.

Sakralkünstler der Barockzeit. Später fanden mit Max Hertwig (1881–1975) und Hermann Winter (1922–1988) zwei renommierte Maler in Dorfen eine Heimat.

Ganze Künstlerfamilien taten sich hervor, machten dem Namen ihrer Heimat Ehre, die kongenialen Zwillingsbrüder Franz (1897–1961) und Hermann Wandinger (1897–1976), ihres Zeichens Goldschmiede, Bildhauer und Maler, ebenso wie die Brüder Joseph (1880–1924) und Johann Michael Wilm (1885–1963), ebenfalls namhafte Vertreter der Goldschmiedekunst. Aus der jüngeren Generation sind die Brüder Alfred und Michael Mittermeier zu nennen, beide international gefeierte Solokabarettisten und Söhne der Sopranistin Rosmarie Mittermeier, sowie ihr Cousin Ernst Bartmann, erfolgreicher Kirchenmusiker, Chorleiter und Komponist.

Neben vielfältiger sakraler Kunst finden sich in der Stadt Dorfen auch sehenswerte profane Kunstwerke, so etwa im Rathaus der Zyklus von sechs kostbaren Barockgemälden des Malers Caspar Sing (um 1690), dann am Rathausplatz der »Hemadlenzenbrunnen« von Hermann Wandinger (1967) oder am Hochwasserauffangbecken das »Stellvertreterhaus« von Gabriele Obermaier (2003), umgeben von weiteren abstrakten Skulpturen wie »Tara« von Thomas Bachmaier (2006) oder »Mutter und Kind« von Wolfgang Wandinger (1979).

Rund um das Auffangbecken, den »Dorfener Bodensee«, entfaltet sich ein beliebter Spazierweg über Stadtpark und Birkenallee, vorbei an der Fürmetzkapelle, zum überlebensgroßen »Schwammerl« bzw. nach Lindum. Mit dem Isenauenpark ist ein weiterer Naherholungsraum in Stadtnähe in Planung.

Im Norden Dorfens nutzen Radler, Skater, Jogger und Walker den Isen-Vilstal-Radweg auf der Trasse der aufgelassenen Lokalbahnlinie Dorfen–Velden.

Vom Markt zur Stadt

Trotz seiner langen Markttradition wurde Dorfen erst 1954 zur Stadt erhoben. Etwas mehr als 4000 Einwohner zählte der Ort damals. Die Gemeindegrenze umfasste lediglich den alten Markt, der sich außerhalb der Tore nur geringfügig ausgedehnt hatte. Der Bahnhof lag schon in der Nachbargemeinde Hausmehring, die im Gegensatz zu Dorfen mit der Ziegelei Meindl und der Skifabrik Sundei über zwei florierende Industriebetriebe verfügte. Diesem Dorfener Notstand bereitete die Gebietsreform 1972 ein Ende. Die Nachbargemeinden Eibach, Hausmehring, Schiltern, Schwindkirchen und Watzling stießen zu Dorfen, sechs Jahre später folgten noch Grün- und Wasentegernbach sowie Zeilhofen. Dorfen entwickelte sich zur weitaus größten Flächengemeinde des Landkreises Erding mit einem Netz von 200 km Gemeindestraßen. Die Einwohnerzahl bewegte sich mit einem Mal im fünfstelligen Bereich und stieg durch die Ausweisung von Neubaugebieten auf 13 500 an. Viele der Zugezogenen kommen aus dem Großraum der Landeshauptstadt und schätzen die gute Zugverbindung nach München und die Nähe von Naherholungsgebieten. Bauland und Wohneigentum sind in Dorfen nicht gerade billig, aber immer noch günstiger als in München und im Speckgürtel rund um die Großstadt.

Dorfen verfügt über wenig Industrie, dafür aber über einen gesunden Mittelstand mit zahlreichen Familienbetrieben im Handwerks- und Dienstleistungsgewerbe. Im zweijährigen Turnus findet die große Gewerbeschau des Förderkreises unter dem Motto »DO!schaugst« statt.

Das Gymnasium Dorfen

Karen Müller-Kuhnhenn

Aus kleinen Anfängen mit 116 Schülerinnen und Schülern ist seit 1974 ein Gymnasium entstanden, in dem sich täglich fast 1500 Menschen begegnen. 1350 SchülerInnen werden von über 100 Lehrkräften unterrichtet, unterstützt von Verwaltungsangestellten und technischem Personal. Auch begegnet man täglich Eltern, die das Gespräch mit den Lehrkräften suchen.

Das Gymnasium Dorfen hat für sich das Leitbild gewählt, eine humane Schule, menschlich und modern im besten Sinne, zu sein. Es war eines der ersten Gymnasien in Bayern, das gemeinschaftlich ein Schulethos (2002) und ein Schulprogramm (2003) entwickelte. In einer Gemeinschaft von Lernenden und Lehrenden, die sich ebenfalls als Lernende verstehen, gilt das Bemühen aller dem Ziel, Bildung und Erziehung als Prozess zu gestalten, der überprüft und überdacht wird und junge Menschen befähigt, mit der Erlangung der Hochschulreife ihren Weg in der hochtechnisierten globalen Welt zu gehen.

Als mathematisch- naturwissenschaftliches Gymnasium wurde die Schule gegründet. Heute ist sie ein gut ausgestattetes naturwissenschaftlich-technologisches und sprachliches Gymnasium, in dem Latein als zweite Fremdsprache gelehrt wird. Die SchülerInnen können sich aber auch für drei moderne Fremdsprachen – grundständiges Englisch, Französisch und Italienisch – entscheiden. Sprachbegeisterten wird als Wahlfach außerdem Spanisch angeboten.

Dass sich so viele SchülerInnen an dieser Schule wohlfühlen, liegt an Angebot und Lernklima des Gymnasiums Dorfen. Neben der Aneignung von Fachwissen haben Persönlichkeitsbildung, Teamfähigkeit, Verantwortungsübernahme und Teilhabe an der Gestaltung des Schullebens einen hohen Stellenwert. Das Lernprogramm des Lehrplans wird ergänzt durch ALF (Allgemeine Lebenskompetenzen und Fertigkeiten), ein Programm zur Suchtprävention und Persönlichkeitsbildung, das Tutorenprogramm und durch ein vielfältiges musisches Angebot in den Nachmittagsstunden. Nach einer Stärkung im Speiseraum der Schule, in dem Erfrischungen und warme Mahlzeiten angeboten werden, stehen Orchester, Big Band und Chor, Schultheater und sportliche Aktivitäten auf dem Plan. Streitschlichtung in Schülerhand, Anti-Rassismus- und Anti-Gewalt-Training, Berufspraktikum, Soziales Praktikum und Klassenfahrten fördern das Miteinander und die sozialen Fähigkeiten.

Auslandsaufenthalte, Austauschprogramme sowie Projekte zur Globalisierung, zur Umweltproblematik und der Unterstützung tibetischer Schulkinder sowie eines Aids-Hospizes in Afrika schärfen den Blick und das Verständnis der SchülerInnen für die Welt, die noch außerhalb ihres eigenen Lebensmittelpunktes liegt. Kreative Kräfte entfalten die Dorfener Gymnasiasten, wenn sie mit Konzerten und Theateraufführungen in der Aula der Schule ein zahlreiches Publikum anlocken. Ihre Kreativität spiegelt sich auch in der Ausgestaltung ihres Lern- und Lebensortes wider. Das Projekt »Schulhausgestaltung« führt jedem, der das Gymnasium betritt, vor Augen, wie bunt, anregend und vielfältig die gemeinsame Lernwelt ist.

Vielfältiges musisches Angebot
Orchester, Big Band und Chor, Schultheater und sportliche Aktivitäten stehen in den Nachmittagsstunden auf dem Programm. Das Bild wurde bei einem Konzert der Big Band des Gymnasiums in der Aula aufgenommen.

Gymnasium Dorfen
Orchestra, big band, choir, school theatre and sporting activities are all available during the afternoon. The picture was taken at a concert given by the big band of the Gymnasium in the auditorium.

Kampf gegen Hochwasser
Zeitzeugenberichte und Fotos zeigen das ganze Ausmaß des Jahrhunderthochwassers von 1954, hier die Jahnstraße mit der ehemaligen Niedermühle. Erneut »Land unter« hieß es 1991. Als Gegenmaßnahme wurde schon um 1900 das Flussbett der Isen begradigt, 1935/36 folgte der Bau des Flutkanals. Bis 2001 entstanden zwei Auffangbecken an der Birkenallee.

Fighting the floods
More flooding in 1991. As a preventive measure, the river bed was straightened as long ago as 1900, followed by the construction of a bye-channel in 1935/36. By 2001 two catchment basins had been built along Birkenallee.

Viele Fachgeschäfte werten Dorfen als Einkaufsstadt auf. Zwar zog das neue Einkaufszentrum in Bahnhofsnähe Kaufkraft aus der Innenstadt ab, doch sorgen vermehrt Straßencafés und Eisdielen für urbanes Leben. Alternative Einkaufsmöglichkeiten bieten Bauernmarkt, Grüner Markt und der Tagwerkladen. An zehn Sonntagen im Jahr finden Warenmärkte statt, als deren größter der Gallimarkt im Oktober gilt.

Großzügige Freizeitanlagen und ein dichtes soziales Netz

Stolz ist Dorfen auf das Sport- und Freizeitzentrum an der Buchbacher Straße mit Eisstadion, Tennisanlagen, Fußballplätzen und beheiztem Freibad mit Wasserrutsche. Die Stadt hat zudem ein weitreichendes Netz sozialer Angebote und Einrichtungen zu bieten, aufgelistet unter *www.dorfen.de*. Der Landkreis Erding stellte mit dem Bau eines Ärztehauses die Weichen für den Erhalt der Klinik Dorfen mit den Schwerpunkten Innere Medizin und Notfallhilfe.

Oberdorfen

Die Ursprünge des »oberen Dorfen« reichen ebenfalls weit in die Geschichte zurück. Darauf lässt nicht zuletzt das Georgspatrozinium der gotischen Pfarrkirche schließen. Ihr weithin sichtbarer Turm überragt das Isental. Lange Zeit hatte Oberdorfen große Bedeutung als Pfarrei mit insgesamt 16 Filialkirchen, darunter Maria Dorfen. Von dieser Zeit kündet noch der ansehnliche Pfarrhof, ein Werk des Graubündner Barockbaumeisters Domenico Zuccalli von 1698. Seit 2005 steht das generalsanierte Gebäude als Pfarrzentrum vielfältigen Nutzungen offen. Lohnend ist auch ein Besuch der Filialkirchen Zeilhofen-St. Antonius, Esterndorf-St. Leonhard, Landersdorf-St. Martin und Lindum-Hl. Kreuzauffindung.

In Oberdorfen lebten und wirkten mit dem Lehrer Bernhard Zöpf (1808–1887) und Pfarrer Josef Gammel (1901–1959) zwei Pioniere der Heimatgeschichtsschreibung. Bis 1972 war das durch rege Siedlungstätigkeit gewachsene Dorf auch noch Schulstandort.

Zeilhofen

Eine große Geschichte verbirgt sich auch hinter dem einstigen Edelsitz Zeilhofen. Nach dem Aussterben des Adelsgeschlechts der Zeilhofer erwarb der Münchener Kaufmann Georg Gugler 1664 das alte Schloss Zeilhofen. Er ließ die Antoniuskirche neu bauen, stiftete ein Benefizium sowie ein Franziskanerkloster und belebte dadurch die Wallfahrt zum Hl. Antonius. 1716 gelangte Zeilhofen in den Besitz des Hochstifts Freising. Infolge der Säkularisation von 1803 ging das Schloss in Privatbesitz über und wurde wie auch die Klostergebäude abgerissen.

Lindum

Das Lindumer Kircherl gilt als Mahnmal im Kampf gegen den Bau des Molochs Isental-Autobahn. Um den Bau der Kapelle rankt sich folgende Sage: Der Edle Blüml von Lindum wollte lieber sich selbst zu einer »Wildsau ummodeln« lassen als seinem Nachbarn das Jagdrevier überlassen. Als seine Frau ein Kind mit einem Schweinskopf gebar, ließ er aus Reue über seinen Frevel die Lindumer Kirche bauen. Ein beliebtes Ausflugsziel ist das Landrestaurant Stiller (s. S. 132).

Watzling

Die Kuratiekirche St. Nikolaus im westlich von Lindum gelegenen Watzling beherbergt einen Grabstein der Adelsfamilie Pfäffinger aus dem 14. Jahrhundert. Das Bürgerhaus von Watzling wurde bekannt, weil sein Grundstock ein Gewinnspiel des Rundfunksenders Bayern 1 bildete.

Oberdorfen

Der Turm der spätgotischen Pfarrkirche von Oberdorfen überragt das Isental. Ein Blickfang im Ortszentrum ist der stattliche Pfarrhof, ein Werk des Graubündner Barockbaumeisters Domenico Zuccalli von 1698.

Oberdorfen

The tower of the late Gothic parish church of Oberdorfen is an Isental landmark. An eye-catcher in the village centre is the splendid rectory which was built in 1698 by Domenico Zuccalli, the Baroque master builder from Graubünden.

St. Wolfgang
Peter Petsch

Die Gemeinde St. Wolfgang ist in dem noch weitgehend unberührten Hügelland im Südosten des Landkreises Erding gelegen. Der Hauptort gleichen Namens an der Goldach kann auf eine über tausendjährige Geschichte zurückblicken. Seine Gründung führt er auf den heiligen Bischof Wolfgang von Regensburg zurück, der hier der Legende nach eine Heilquelle erweckte und eine kleine Kapelle erbauen ließ.

Bedeutungsvoll für die Geschichte der Gemeinde war die Zugehörigkeit zur Grafschaft Haag von 1180 bis 1566. Die Grafen erhielten das Gemeindegebiet vom Kaiser als Lehen. Die historische Balkendecke aus dem späten 16. Jahrhundert mit dem Richterspruch in der Gaststube des Wirtshauses »Zum Schex« erinnert daran, dass das ehemalige Kollegiatstift St. Wolfgang die niedere Gerichtsbarkeit ausübte. Den Grafen sind auch die großen Kirchen auf dem Gemeindegebiet zu verdanken. Besonders Graf Sigmund erwies sich als großer Förderer und ließ im 15. Jahrhundert die gotische Kirche St. Wolfgang erbauen, deren Innenausstattung jeden Besucher beeindruckt. Im Mittelschrein des Hochaltars stehen der hl. Wolfgang, der hl. Sigismund und der hl. Georg. Bei der Barockisierung blieben die gotischen Gemälde und Schnitzereien erhalten und wurden in die Altarflügel eingebaut. Die spätgotischen Holzskulpturen Anna Selbdritt und Geburt Mariens auf den Seitenaltären gehören zu den Kostbarkeiten der Kirche. Der Kreuzaltar erzählt eindrucksvoll von der Kreuzigung Christi (s. S. 54).

Eingestreut ins Hügelland – Kirchen und ihre Schätze

Das Hügelland im südöstlichen Erdinger Landkreis ist von der gestaltenden Kraft der letzten Eiszeitgletscher zu einer Wasserscheide geformt. Wer sich die anmutigen Höhen erwandert, den wird der nach Süden gerichtete Blick ins Gebirge begeistern. Wer nördlicher wohnt, ist schon mit ungeahnt weiter Aussicht dem niederbayerischen Bauernland zugewandt. Die reizvollen Täler, in denen die Lappach, die Goldach und der Rimbach gemächlich und ruhig, manchmal auch munter dahinfließen, gestalten die Moränenlandschaft abwechslungsreich und interessant.

Wo die Goldach im Süden der Gemeinde St. Wolfgang ihr bewaldetes Quellgebiet

Kirche St. Wolfgang
Den gotischen Bau, 1484 geweiht, ließ Graf Sigmund von Haag errichten. Der Turm weist mit Spitzhelm und vier Eckaufsätzen Merkmale der Landshuter Schule auf.

St. Wolfgang
This Gothic construction was built by Count Sigmund von Haag and consecrated in 1484.

verlässt, liegt Pyramoos. Es ist keine geschlossene Ortschaft, hat aber dennoch einen Mittelpunkt: das Kirchlein St. Agatha. Man ahnt nicht, dass dieser kleine gotische Bau ein kunsthistorisches Kleinod ist. Die Ausstattung mit ihren großen und kleinen Skulpturen verleiht dem Innenraum eine feierliche Würde. Das wohl wertvollste Kunstwerk ist eine Madonna mit Kind um 1500. Der neugotische Hochaltar fügt sich harmonisch in den Chorraum ein; dessen Mitte nimmt eine weitere Madonna mit Kind und Traube ein. Die Kirchenpatronin St. Agatha steht links davon, St. Katharina rechts. Von ganz oben im Altaraufsatz schaut der heilige Leonhard auf die Besucher herab. Nach diesem eindrucksvollen Kunsterlebnis wird man, ein wenig erholt, gerne goldachabwärts weiterwandern.

Blick von Lappach in die Gatterberge

In unmittelbarer Nachbarschaft St. Wolfgangs liegt auf dem westlichen Höhenrücken das Dorf Lappach, dessen Gotteshaus dem hl. Remigius geweiht ist. Der hohe, schlanke Turm der Kirche beherrscht die Landschaft und ist mit seinen vier Eckaufsätzen charakteristisch für die Kirchenbauten des Grafen Sigmund von Haag. Wandert man nun hinunter nach St. Wolfgang, so sieht man auf der anderen Seite ein abwechslungsreiches Hügelland, das Gattergebirge. Die steil abfallenden Felder und Äcker sind bis heute nur mühevoll zu bewirtschaften. Die Naturfreunde kommen hier auf ihre Kosten. Tief eingeschnittene Täler, eine je nach Wetterlage oft beeindruckende Fernsicht und die im Frühling und Sommer bunt

Spätgotische Schnitzgruppe Geburt Mariens

Die Skulptur zeigt Maria im Wochenbett und zeugt von der Erzählfreudigkeit des ausgehenden 15. Jahrhunderts. Sie ist eines von vielen der ausgezeichneten spätgotischen Werke, die St. Wolfgang zieren (s. auch Abb. S. 50 und 54)

Late Gothic carving: Mary's Birth

The sculpture shows Mary in child-bed, reflecting the sheer narrative exuberance of the late 15th century. It is one of many excellent late Gothic works of St. Wolfgang (see also picture on p. 50 and 54).

Blick ins Rimbachtal
Das Rimbachtal bildet die Grenze zwischen den früheren Gemeinden Schönbrunn und Gatterberg. Weiler und Einöden prägen das Gesicht der Gatterberge. Der Rimbach, der in Schwindegg in die Goldach mündet, gilt als eine der »sieben schönen Töchter der Isen«.

The Rimbachtal valley
between Gatterberg and Schönbrunn. The Rimbach, a tributary of the Goldach, is locally called one of the »seven beautiful daughters« of the Isen.

blühenden Wiesen gestalten eine Wanderung durch diese Landschaft abwechslungsreich und erholsam. Weiler und Einöden prägen das Gesicht der Gatterberge. Geschlossene Ortschaften sind für diesen Landstrich untypisch. Die Bauern, die hier früher von kärglichen Erträgen leben mussten, nannte man scherzhaft »Godernberger Hobernbeißer«, weil ihre Gründe nass waren und nur den Hafer gedeihen ließen. Heute zeigt sich die Landschaft fruchtbar. Man hat viel dafür getan, das Land trockenzulegen und damit die Bewirtschaftung der Felder und Äcker wesentlich verbessert.

Schönbrunn – ehemaliger Hofmarksitz

Gerade noch im östlichen Gemeindegebiet St. Wolfgangs liegt Schönbrunn. Der Name ist mit Sicherheit von den zahlreichen Brunnen, die früher hier sprudelten, abzuleiten. An Wasser hat es also nicht gemangelt. Nicht allzu weit von hier entspringt die Ornau und schließt tief unten im Tal den gewaltig aufsteigenden Höhenrücken gen Süden und Osten ab. Weiter nördlich fließt der Rimbach, der in Schwindegg noch vor dem Wasserschloss in die Goldach mündet, durch die Hügellandschaft. Schönbrunns Kirche, schon von weitem sichtbar, stammt aus dem 15. Jahrhundert. Aus einem mittelalterlichen Edelsitz entwickelte sich eine Hofmark, die nach oftmaligem Besitzerwechsel 1778 aufgelöst wurde. Von einem gemauerten Schloss, von Waldungen umgeben und auf einer Anhöhe gelegen, berichtet 1701 Michael Wening. An der Stelle des Schlosses steht jetzt der stattliche Oberbauernhof.

Verlässt man Schönbrunn in westlicher Richtung, erreicht man nach wenigen Kilometern wieder St. Wolfgang. Von dort führt ein idyllischer Fußweg die Goldach entlang nach Großschwindau. Es dauert nicht lange und man erblickt den Turm der Michaelskirche. Dieses Gotteshaus war vor der Gründung des Kollegiatsstifts

in St. Wolfgang religiöses Zentrum und wurde 1737 als Filiale der neuen Stiftspfarrei St. Wolfgang inkorporiert. Ursprünglich war der Bau romanisch, wurde dann mit einem Netzgewölbe gotisiert und bekam nach einem Blitzeinschlag 1783 einen Turm mit Satteldach. Schließlich wurde der Innenraum barock ausgestattet. Vom berühmten Bildhauer Christian Jorhan aus Landshut stammen die Figuren St. Benno und St. Korbinian auf dem Hochaltar und die Madonna mit ihren Engeln und Putten.

Schloss und Schlosskapelle Armstorf

Nach dieser kunsthistorischen Einkehr steht noch ein Besuch in Armstorf an. Der Weg führt an der Säg- und Winkelmühle vorbei, die früher wie viele andere in diesem Gebiet die Wasserkraft der Goldach nutzten. Das Neubaugebiet im Süden des Ortes ist unübersehbar. Man ist gespannt, was einen in Armstorf erwartet. In einigen Ortschroniken wird von einem ehemaligen Schloss berichtet. Tatsächlich hat uns Michael Wening auf einem seiner Stiche ein herrschaftliches Gebäude mit zwei Geschossen und einem Walmdach überliefert. Vorher war es wohl ein schlichter Edelsitz an der Nordgrenze der Grafschaft Haag. Das bekannteste Adelsgeschlecht nannte sich Westacher. Aus diesem stammte Johann Joachim, der 1622 nach dem Abriss des alten Schlosses einen Neubau errichten ließ. Die oft wechselnden Besitzer bauten dieses Schloss mehrmals um, so dass der ursprüngliche Zustand nicht mehr erkennbar ist. 1925 wurde in dem Schloss ein Kinderheim eingerichtet, und nach einer weiteren völligen Umgestaltung zogen Schwestern aus dem Kloster Au am Inn ein. Gegenwärtig ist es eine Bildungsstätte der Franziskanerinnen. Etwas abseits steht die ehemalige Schlosskapelle, die St. Laurentius geweiht ist. Das ursprünglich gotische Kirchlein wurde nach dem Neubau des Schlosses 1631 umfassend restauriert.

Ab Armstorf schlägt die Goldach eine nordöstliche Richtung ein und strebt in unzähligen Windungen ihrer Mündung in die Isen entgegen.

Schloss, Kloster, Bildungsstätte Armstorf
Vom Renaissancebau von 1622 ist nach vielfachen Umbauten und Besitzerwechseln nichts mehr zu erkennen. Die Franziskanerinnen unterhalten gegenwärtig im Schloss eine Bildungsstätte.

Schloss Armstorf, monastery and education centre
After much reconstruction and frequent changes of ownership, there is nothing left to be seen of the 1622 Renaissance building. Franciscan nuns currently use the former palace to run an education centre.

»Das ist ja das Besondere dieser Landschaft, dass sie dem Wanderer nicht nur einen Eindruck vermittelt, sondern eine unglaubliche Vielfalt an Schönheit im Kleinen. Von Hügel zu Hügel ändern sich die Kulissen: die abseitigen Erhebungen des Gatterberges, die romantische Schönheit um Burgrain und Isen, die Idyllen an der Goldach und in der Ornau, das sich immer ausweitende Isental mit dem Moos und den Torfhütten von Dorfen bis nach Neuötting, und nördlich des Flüsschens dann die Hügel gegen Niederbayern zu. Das sind Modulationen von Dur bis Moll innerhalb eines einzigen und überschaubaren Landstriches.«

Georg Lohmeier, Kreuz und quer durch den Isengau,
in: Josef A. Schmöger, 1200 Jahre Dorfen, 1973

Blick über St. Koloman zum Goldach- und Isental. Auf den zwischen diesen Tälern liegenden Ackerflächen soll die geplante Autobahn A 94 die Landschaft durchschneiden.

View over St. Koloman into the valleys of the rivers Goldach and Isen. The planned motorway is due to cut through the fields between these valleys.

»… diesem Drängen schutzlos ausgeliefert«
Von Hans Kratzer

Leider bringen die Politiker dem Isental nicht jenen Respekt entgegen, der ihm gebührt. Noch vor wenigen Jahrzehnten hätte es niemand gewagt, Wunden in diese pittoreske Naturlandschaft zu reißen, die schon seit dem Mittelalter von Schriftstellern und Literaten in den höchsten Tönen besungen und gerühmt wird. Noch mäandert die Isen im Talgrund wild wie eh und je, umgeben von einem Panorama, das Sinnbild ist für die Fülle des alten Bauernlandes mit seinen barocken Turmzwiebeln, behäbigen Wirtshäusern und gemütlichen Dörfern – doch jetzt ist das Idyll in höchster Gefahr.

Einen solchen Naturraum zu bewahren und zu pflegen, müsste in der unsteten Welt des 21. Jahrhunderts eine Kardinalaufgabe sein. Aber in Bayern unterliegen selbst die unberührtesten Landschaften nach wie vor dem Diktat der ökonomischen Nützlichkeit. Refugien wie das Isental sind diesem Hasten und Drängen schutzlos ausgeliefert, Zersiedelung und Landschaftsfraß rücken unaufhaltsam näher, schon bohren sich die ersten Stahlgebisse der Bagger in die Isentaler Ackerböden. Alsbald soll auch hier die Stille dem Lärm weichen, der weiche Moosgrund den schweren Lastern, das gemütliche Dörflein der Plage des Transitverkehrs. Womöglich heißt es Abschied nehmen von Blaukehlchen und Streuwiese, Feldhase und Apfelbaum, Feldkreuz und Wanderweg.

30 Jahre lang haben sich die Menschen im Isental gegen den drohenden Bau der Autobahn A 94 gewehrt, deren 40 Kilometer langer Mittelabschnitt zwischen Forstinning und Ampfing justament durch das Isental führen soll – obwohl es eine adäquate Alternativtrasse auf der bestehenden B 12 gegeben hätte. Der Urteilsspruch des Bayerischen Verwaltungsgerichtshofs, der die staatliche Planung im Oktober 2007 für rechtmäßig erklärt hat, steht für nichts anderes als das technokratische Denken der 1960er und 70er Jahre, das seine Erfüllung vor allem in der uneingeschränkten Mobilität sucht. Nicht die Vernunft regelt dabei das Handeln, sondern die sture Betonmentalität, wie sie, tragisch genug, schon der Hitler-Knecht Fritz Todt 1935 hinausgeplärrt hat: »Für die Autobahnen des Führers ist uns keine Landschaft zu schade.« Gegen diese feindselige Haltung zur Heimat sind die Menschen aus dem Isental aufgestanden, um dem Staat und dessen Baubürokratie die Stirn zu bieten. Wie leicht hätte die Autobahn A 94 in den 1970er und 80er Jahren auf der Trasse der B 12 realisiert werden können. Aber das Naheliegende musste dem Erschließungswahn weichen, der die Autobahnen wie ein dichtes Spinnennetz über das Land breiten wollte. Das Schlichte, das Machbare, das dem Menschen Dienliche wurde fahrlässig verdrängt. Die Raumplanung von anno dazumal hat ihre zerstörerische Kraft noch nicht eingebüßt. Wenn nicht noch ein Wunder geschieht, werden bald täglich Zehntausende Autos ins Isental gelenkt, eine weitere bäuerliche Region wird auf dem Altar des Verkehrs geopfert. Nichts wird mehr sein, wie es war. Die Natur, die ländliche Ruhe, die dörfliche Beschaulichkeit, das alles wird Stück für Stück verlorengehen. Das Isental wird kein Erholungsgebiet mehr sein. Man wird auf die neue Autobahn fahren und Ruhe und Beschaulichkeit in der Ferne suchen müssen.

Johann Georg von Dillis

Hans Heyn

Zuweilen genügt ein Name, eine Persönlichkeit, um ein stilles Nest in die große Geschichte einzureihen. Auf diese Weise wurde Grüngiebing ausgezeichnet. In dem Dorf, versteckt in der Pfarrei Schwindkirchen, wurde ein universeller Geist geboren: Georg Dillis (1759–1841), ein Maler, dessen Kunst um 1800 aus dem Barock in die Neuzeit führt, und ein Museumsmann, dem München viele seiner Kunstschätze verdankt.

Johann Georg von Dillis darf als einer der bedeutendsten Künstler in Deutschland an der Wende des 18. zum 19. Jahrhundert gelten, heißt es in einem Ausstellungskatalog der Hamburger Kunsthalle. Er nimmt die Traditionen der klassischen Landschaftskunst auf, die er in eine neue »realistische« Landschaftsmalerei überführt, die sich im 19. Jahrhundert durchsetzte. Dillis bannte unmittelbare Eindrücke der ihn faszinierenden Themen auf Papier.

Johann Georg von Dillis
von Moritz Kellerhoven. Der Landschaftsmaler und kurfürstliche Galerieinspektor im Alter von 34 Jahren.

Johann Georg von Dillis
at the age of 34. Dillis was born in the village of Grüngiebing near Schwindegg in the Isental.

Forsthaus in Grüngiebing
Das Forsthaus, in dem Georg Dillis und seine zehn Geschwister aufwuchsen. Das Haus mit dem langgezogenen Dach ist längst abgerissen.

Forest lodge in Grüngiebing
The forest lodge where Georg Dillis and his ten siblings grew up. The house was demolished long ago.

Dillis' künstlerisches Werk – weithin noch unerschlossen

Dillis spielte als Professor für das Landschaftsfach an der Münchner Akademie, als Galeriedirektor und als Berater König Ludwig I. bei allen Ankäufen und Kunstfragen eine wichtige Rolle. Als Künstler und als Kunstorganisator pflegte er Kontakte mit bedeutenden Zeitgenossen in den Kunstzentren Rom, Florenz, Mailand, Paris, Wien und Prag. Da er aufgrund seiner Aufgaben als Galeriedirektor und Kunstberater auf das Malen immer mehr verzichten musste, gewannen die Zeichnungen umso größeres Gewicht. Unter den großen Künstlern um 1800 in Deutschland ist Dillis vielleicht der einzige, dessen Werk noch in weiten Teilen unerschlossen ist. Bekannt sind seine Ölgemälde und Ölskizzen sowie eine Anzahl von Zeichnungen und Aquarellen in öffentlichem und privatem Besitz. Nahezu unbekannt ist dagegen der riesige Bestand seines privaten Zeichnungsnachlasses im Historischen Verein von Oberbayern, der in der Städtischen Galerie im Lenbachhaus in München aufbewahrt wird.

Familie Dillis in Grüngiebing – ein Bild und seine Geschichte

So ungewohnt der Name Dillis ist, die Dillis sind keine Einwanderer. Die Linie lässt sich im altbayerischen Gebirgsland bis ins 15. Jahrhundert zurückverfolgen. Von 1600 bis 1800 sind die Dillis fast ohne Ausnahme Weidmänner gewesen. Durch die Verbindung zum Königshaus – Dillis erlebte vier bayerische Regenten – schaffte Dillis den Aufstieg zur Aristokratie.

Das frühe Gemälde von Georg Dillis zeigt die Familie des Malers vor dem Forsthaus, in dem der Maler und seine zehn Geschwister aufgewachsen sind. Die Familie ist auf dem Gemälde an einem Sommerabend vereint. Links im Bild sitzt der Maler, den Skizzenblock haltend. Sichtlich nicht ohne Stolz legt der Vater, kurfürstlicher Revierjäger, dem Älteren die Hand auf die Schulter. Daneben sitzt die Mutter, eine geborene Hauspfleger, die aus einem Giebinger Hof stammt. Das Paar hatte elf Kinder. Drei Mädchen heirateten wieder Forstleute.

Ländliche, aber nicht bäuerliche Idylle

Dieses frühe Bild atmet ländliche, aber nicht mehr bäuerliche Idylle. Die Kleidung, die Uniformen und der Mann mit Wams und Degen weisen ebenso wie der Flötist, der mit dem Fiedler zum Tanz aufspielt, auf eine schon bürgerliche Gesellschaft hin. Das erlegte Wild und die Hunde sind Hinweise auf die Jagd.

The Dillis Family

This early painting by Georg Dillis shows the painter's family in front of the forest lodge in which he and his ten siblings grew up. The image conveys a strong sense of rural idyll, though not rooted in farming life. The clothing, uniforms and the man with the doublet and dagger indicate a bourgeois social environment, as do the flautist and fiddler playing dance music. The dead game and dogs are evidence of hunting.

Schloss Schwindegg

Hans Braunhuber

Ein geschütztes Schlossensemble
Dazu gehören stattliche ehemalige Wohn- oder Wirtschaftgebäude aus dem 17. und 18. Jahrhundert, das so genannte Vorschloss mit zwei Stalltrakten aus der Zeit um 1750 und der Schlosspark aus dem 19. Jahrhundert.

Protected palace ensemble
This includes the grand former residential and utility buildings, the so-called front palace with two stable tracts from the period around 1750 and the castle grounds from the 19th century.

Auf klangvolle Namen des bayerischen Hochadels stößt man in den Straßen Schwindeggs: Sie sind nach den Schlossherren benannt. Die erste Erwähnung von Schloss »Swindeckh« geht auf das Jahr 1389 zurück: Friedrich von Tättenpeck wird als Besitzer genannt, er verkaufte Swindeckh an die Herren von Frauenhofen. Bekannt wurde dort Theosaurus. Dieser half 1475 die Landshuter Hochzeit auszurichten, das wohl größte Hochzeitsfest der bayerischen Geschichte. Theosaurus soll bei seiner dritten Eheschließung über 80 Jahre alt gewesen sein und angeblich auch noch als 100-jähriger von »freier Erd ohn Vortel auf sein Gaul gesessen« sein. Seinem Sohn Jacob zündeten Pfälzische Truppen 1504 im Erbfolgekrieg sein Schloss an und zerstörten unersetzliche Urkunden des Schlosses und des Archivs derer von Frauenhofen. Hinterlassen hat Jacob nur eine Tochter, die den Marschalk von Pappenheim heiratete. So fiel Schwindegg kurz an die Pappenheimer, nach deren Wegzug Sebastian von Haunsberg 1585 den Gesamtbesitz und die Hofmark Schwindegg erwarb.

Ritter Sebastian von Haunsberg ließ nun die Reste der alten gotischen Gemäuer abtragen, um an ihrer Stelle einen völlig anderen und kostspieligen Neubau im Stil der Renaissance zu errichten. Das fertige Schloss aus Backstein ließ er noch mit einem künstlichen Wassergraben umgeben. Es wurde nach 15 Jahren Bauzeit 1609 fertig gestellt. Vier massige achteckige und zwei viereckige, zwiebelhaubenbewehrte

Türme zieren nun eines der eindrucksvollsten Renaissanceschlösser Bayerns.

Blütezeit unter den Fuggern

Trotz Drangsal, Seuchen und Plündereien überstand die Hofmark den Dreißigjährigen Krieg gut. 1648 ist das Schloss durch Schweden »etwas ruiniert, jedoch nicht abbrennt worden«. Eigentümerin war nun Anna Regina von Hörwarth; sie vermählte sich 1655 mit dem Grafen Franz Benno Fugger von Taufkirchen. Wieder war kein männlicher Erbe vorhanden, Anna Regina regierte nach seinem Tod die Hofmark wie viele ihrer Vorgängerinnen allein. Sie stiftete auch die erste Schule in Schwindegg. Die Zeit der Fugger war eine Blütezeit in Schwindegg. So sollen oft fürstliche Gäste nach Schwindegg gekommen sein – meist als Wallfahrer nach Altötting, die im Schloss übernachteten.

In Schwindegg residierte Carl Anton von Fugger, als Napoleon bereits das Sagen hatte. Die Freifrau von Moreau flüchtete aus Paris. Sie erwarb 1816 die Hofmark und baute das Schloss nochmals um. Statt der hölzernen Brücke zum Hauptportal ließ sie eine aus Stein erbauen, die heute noch steht. Im Jahre 1848 wurde die Patrimonialgerichtsbarkeit aufgehoben, die Zeit der Hofmarksherren auf Schloss Schwindegg war zu Ende.

Wohnen im Schloss

In den folgenden Jahren wurden die Ländereien zerstückelt, das Schloss wurde mehrmals verkauft: Um es vor dem Verfall zu retten, wandelte man es in ein Erholungsheim für Veteranen um. Aber nicht nur die Veteranen fanden hier Erholung: Wastl Fanderl gastierte mit großem Erfolg im Schloss mit dem Auftakt seiner »Singwochen für Jungbäuerinnen«. Unter dem Nationalsozialismus wurde das Schloss zunächst SA-Führerschule, Aussiedlerlager, dann von der NS-Organisation Todt in Beschlag genommen und ab 1944 als Lazarett und Verteilstelle benutzt. Nach dem Krieg beschleunigte sich der Wechsel: Kreiskrankenhaus, Hauswirtschaftsschule der Ursulinen aus Landshut, 1968 wieder in private Hände verkauft, 1973 an eine Wohnungsbaugesellschaft aus München. Es wurden verschiedene Nutzungs- und Erhaltungspläne ausgearbeitet, ohne dass etwas Entscheidendes geschah. Das Schloss verfiel und wurde regelrecht ausgeschlachtet. 1980 erwarb für 2,5 Millionen Mark ein Münchner Professor das Schloss, um es gründlich zu renovieren und in Eigentumswohnungen umzubauen. 1982 wurden die ersten Wohnungen bezogen. Die Eigentümergemeinschaft sorgt für den Unterhalt des Schlosses – und immer wieder einmal bietet sich die Gelegenheit, Schlossmitbesitzer zu werden.

Eigentumswohnanlage
Der Gesamtkomplex von Schloss Schwindegg wurde 1980 von Professor Franz Schilke zu einer Eigentumswohnanlage im Rahmen einer Bauherren-Gesellschaft umgebaut.

Freehold apartments
The entire complex of Schloss Schwindegg was converted by Professor Franz Schilke into a set of freehold apartments as a part of a builder-owner scheme in 1980.

Wolfgang Meier, Schlossbauer von Hofgiebing

Arthur Dittlmann

Von Schwindkirchen kommend, geht es nordwärts in eine geschwungene, stark hügelige Landschaft hinein: die Gatterberge. Hier liegt der Weiler Hofgiebing. Kurz nach dem Ortseingang, auf der rechten Seite, stand früher das »Schlossbauernanwesen«. Wolfgang Meier (1878-1945), der Schlossbauer von Hofgiebing, leistete gegen Ende der Nazi-Herrschaft mutigen Widerstand und hat dafür mit dem Leben bezahlt.

Nach dem gescheiterten Attentat vom 20. Juli 1944 suchte die Geheime Staatspolizei fieberhaft nach »Verschwörern«. Ins Fadenkreuz der Ermittler geriet neben dem Jesuitenpater Alfred Delp auch sein Vorgesetzter, der Ordensprovinzial Augustin Rösch. Dieser stand dem »Kreisauer Kreis« nahe, einer Widerstandsgruppe, die sich intensiv mit Plänen zur Neuordnung nach der Hitler-Diktatur befasste. »Energische Fahndung! Festnahme!« stand unter dem Foto Röschs im Deutschen Kriminalpolizeiblatt. Höchste Eile war geboten – der Jesuit musste untertauchen: Ein paar Tage konnte er sich in einem Turmzimmer im Heim der Armen Schulschwestern in Kloster Moosen nahe Dorfen aufhalten, doch dieses Versteck war nicht sicher genug. Da fiel der Oberin der Schlossbauer Wolfgang Meier ein. Sie wusste um die Verlässlichkeit des Mannes, der neben der Landwirtschaft noch den Mesnerdienst in Hofgiebing versah. »Ich hätte heute noch was anderes für Sie«, sagte eine Schwester zu ihm, als er Kirchenwäsche nach Kloster Moosen brachte. Wolfgang Meier fackelte nicht lange: »Ich nehme ihn, den lieben Pater Rösch, sofort auf. Er muß gerettet werden, er kann viel mehr Gutes tun als ich!« Ende September 1944 wurde Rösch nach Hofgiebing gebracht. Nur der engste Familienkreis war eingeweiht. Der Jesuit wurde vor Gästen und Nachbarn verborgen. Aus Sicherheitsgründen durfte er seine Kammer im ersten Stock des Hauses nicht verlassen – auch das Husten musste er unterdrücken, als ihn eine Rippenfellentzündung quälte: Ein in München ausgebombter und in Hofgiebing einquartierter Mann hätte ihn hören können. Vier Monate lang ging alles gut, aber letztlich wurde das Versteck doch verraten. Wer der Staatspolizei den Tipp gab, ist heute nicht mehr rekonstruierbar. Am 11. Januar 1945 umstellte ein Gestapo-Kommando das Schlossbauernanwesen in Hofgiebing. Pater Rösch wurde verhaftet, mit ihm Wolfgang Meier und drei seiner Kinder. Am selben Tag noch wurden die Gefangenen ins Konzentrationslager nach Dachau abtransportiert. Wolfgang Meier starb hier am 22. 2. 1945 an Typhus. Ein Mithäftling erinnert sich, dass die Gedanken des Sterbenden bis zuletzt um Rösch kreisten: »Wenn nur der Pater heimkommt, wenn nur der Pater heimkommt…« Der Pater kam heim – Augustin Rösch erlangte in den Wirren des Kriegsendes in Berlin die Freiheit wieder. Vor dem Volksgerichtshof sollte ihm der Prozess gemacht werden, aber dazu kam es nicht mehr. Auch die zwei Söhne und die Tochter des Schlossbauern überlebten die Verhaftung. Wolfgang Meier aber, der Schlossbauer von Hofgiebing, kehrte nicht mehr in die Heimat zurück.

Wolfgang Meier,
ein mutiger, aufrechter Mann, der sich von der Gewaltherrschaft nicht hat einschüchtern lassen und für seine Überzeugung sein Leben eingesetzt hat.

Wolfgang Meier,
a bold, upright man who refused to be intimidated by tyranny and dedicated his life to upholding his beliefs.

Das Bunkergelände im Mühldorfer Hart

Reinhard Wanka

Für Jüngere ein Abenteuerplatz, für ältere Generationen eine Erinnerung an die schlimmsten Kapitel unserer Vergangenheit: das Bunkergelände im Mühldorfer Hart. Dieses große, wild zerklüftete Gelände aus Stahlbeton, tiefen Schächten und spärlich bewachsenen Kieshalden ist der Rest eines Flugzeugwerks, das in der letzten Phase des Zweiten Weltkriegs entstehen sollte. Die Alliierten waren im Juni 1944 in der Normandie gelandet; der zu dieser Zeit erst begonnene Bau des Bunkers gilt als ein Projekt unsinnigen Rüstungsdenkens.

Wegen der ständigen Bombardierungen der Flugzeugfabriken sollte die Verteilung dieser Betriebe auf Süddeutschland mehr Sicherheit für den Bau des Düsenflugzeugs Me 262 bringen. Man wollte die Fabrikanlagen in verbunkerten, halb unterirdischen Produktionsstätten errichten. Bei Landsberg sowie bei Mettenheim wurde je ein solcher Bunker erbaut. Die Lage auf der Innterrasse brachte den nötigen Kies als Untergrund sowie als Baustoff, der Wald bot gute Tarnmöglichkeiten und die Lage beim Bahnknotenpunkt Mühldorf war verkehrsgünstig. Im Endstadium hätten in den beiden Werken monatlich bis zu 900 Flugzeuge montiert werden sollen.

Über 3000 Zwangsarbeiter starben

Die Organisation Todt plante unter dem Decknamen »Weingut I« das Projekt. Das Bauvorhaben erforderte einen ungeheuren Arbeitskräftebedarf. Allein an der Hauptbaustelle musste in zwei Schichten zu je 4000 Personen gearbeitet werden. Die Organisation Todt stellte das Leitungspersonal, das Gros der Arbeitskräfte bildeten über 10 000 Zwangsarbeiter, Kriegsgefangene und Häftlinge des KZ-Außenlagers. Zur Zwangsarbeit in der deutschen Rüstungsindustrie waren schon ab 1942 Millionen Menschen verschleppt worden.

Im Juli 1944 trafen die ersten Häftlinge des KZ-Stammlagers Dachau im Lager am Flugplatz Mettenheim ein. Das KZ-Lager umfasste mehr als 20 Holzbaracken, die Häftlinge schliefen auf engstem Raum in dreistöckigen Betten, knapp 200 Personen je Baracke. Gleichzeitig wurde mit Erdhütten und Hütten aus Sperrholz ein Waldlager errichtet. Die KZ-Häftlinge stammten in der Mehrzahl aus Osteuropa, es waren vor allem Ungarn jüdischen Glaubens.

Über 8000 Häftlinge durchliefen die Mettenheimer Lager, mehr als 3000 Menschen kamen allein hier ums Leben. Als schlimmster Arbeitseinsatz galt die Baustelle am Flug-

zeugwerk mit den Zementschuppen. Angetrieben von den Kapos mussten die Häftlinge Zementsäcke, Eisenträger und Rohre schleppen. Durch die anstrengende Arbeit, den täglichen Marsch zur Arbeitsstätte und Unterernährung waren die Häftlinge körperlich stark geschwächt. Dies führte zu tödlichen Arbeitsunfällen und hoher Krankheitsanfälligkeit. Ab März mussten die Arbeiten wegen Materialmangels fast eingestellt werden. Kurz nach einer Teilevakuierung trafen am 1. und 2. Mai 1945 amerikanische Truppen in den Lagern ein und befreiten die verbliebenen Häftlinge.

Gedenkstätte am Bunkerbogen

1947 ließ die amerikanische Militärverwaltung das Bunkergelände sprengen. Bis auf einen Bogen stürzten die Gebäude in sich zusammen. Der Bunkerbogen entwurde ein Ort des Gedenkens. Der Plan der Bundesvermögensverwaltung, das Gelände zu schleifen, konnte verhindert werden. Der »Verein für das Erinnern« setzt sich für eine Gedenkstätte für Häftlinge und Zwangsarbeiter ein.

Memorial site at the bunker arch

The American military administration had the bunker detonated in the summer of 1947. The entire building collapsed apart from one arch, which became a memorial site. The Federal Property Administration Department was dissuaded from acting on plans to have the area razed. The memorial association is now lobbying for a memorial to prisoners and forced labourers.

Ampfing

Heinz-Rudolf Huber

Ampfing aus der Luft
Drei ineinandergreifende Plätze prägen den Ampfinger Ortskern. Das früher überwiegend landwirtschaftlich orientierte Dorf hat sich zu einem belebten Mittelpunkt im Isental mit Handel, Industrie und attraktiven Freizeitangeboten entwickelt.

Ampfing from the air
Three interlinked sections characterise the centre of Ampfing. Formerly mainly agricultural in orientation, the village has become a lively hub of trade and industry, as well as offering attractive leisure options.

Als Joseph von Obernberg an einem heiteren Sommertag um 1812 über das westliche Hügelland nach Ampfing fuhr, geriet der weitgereiste Landesdirektionsrat, Ökonomierat und Wirkliche Hofrat ins Schwärmen:
»Es enthüllte sich vor meinen Augen ein weiter, großartiger Schauplatz, dessen Anblick alles übertraf, was ich außer im Gebirge auf meinen Reisen durch das Königreich Bayern gesehen habe: Ortschaften, Kirchtürme, Klöster und Schlösser schimmerten herauf aus Ferne und Nähe, vergoldet im Abglanze der Sonne (...).« Und gleich nennt er auch noch die Mitte dieses »Garten Eden«: »Ampfing liegt im Herzen dieses schönen Terrains (...)«. So ist es in seinem Buch »Reisen durch das Königreich Bayern« aus dem Jahre 1812 nachzulesen.

»Bei den Leuten des Ampho«

Dass es sich hier leben lässt, das mag lange Zeit davor auch schon ein Edelfreier namens Ampho erkannt haben, als er sich hier vermutlich im 6. Jahrhundert mit seinen Leuten niederließ. Die Stelle war nicht schlecht gewählt. Sie lag an einem Fluss und war Schnittpunkt mehrerer wichtiger Altstraßen. Besonders die Nähe zur Römerstraße von Augsburg nach Wels war von Bedeutung. Der Personenname Ampho (»der Starke«) und die Silbe »ing«, das ergab schließlich »Ampfing«.

Die erste urkundliche Erwähnung findet sich im Güterverzeichnis des Erzbischofs Arno von Salzburg, in dem 788 von einem *Amfinga in pago Isanagaoe*, einem »Ampfing im Isengau« die Rede ist.

»Die Schlacht von Ampfing 1322«

Ein bedeutsames Ereignis für den Ort war die Schlacht zwischen Ludwig dem Bayern und Friedrich dem Schönen von Österreich im Jahr 1322, die Aventin in seiner »Bayerischen Chronik«, ob nun geographisch ganz präzise oder nicht, als »Die Schlacht von Ampfing« bezeichnet hat. Dieses Ereignis hat den Ort über Jahrhunderte hinweg bekannt gemacht, ihm einen reichhaltigen Schatz von volkstümlichen Überlieferungen und Sagen beschert und ihn zu einem Fixpunkt altbayerischen Heimatstolzes werden lassen. Aventin resümiert 1533: »(...) von dieser Schlacht wegen ist Ampfing (vor ein unbekant dorf) dermassen in ain solches geschrai und ruef komen, das iederman (auch in frembden landen) davon schreibt, singt und was zu sagen wais.«

Im Ortswappen wird durch zwei gekreuzte Morgensterne an diese letzte große Ritterschlacht erinnert. »Jedem Mann ein Ei, dem braven Schweppermann aber zwei!« Mit diesen Worten soll Ludwig seinem tapferen Feldhauptmann gedankt haben, als nach dem Kampf zur Labung nur ein paar Eier aufzutreiben waren. Und weil die Ampfinger als genauso tüchtige, aufrichtige und dabei lebenslustige Bayern gelten wie der legendäre alte Ritter, werden sie häufig als »die Schweppermänner« bezeichnet.

Die Post ist da

Im weiteren Verlauf war Ampfing nicht mehr besonders geschichtsträchtig. Der lange bäuerlich geprägte Ort erlebte das Auf und Ab der Zeiten wie die meisten anderen Orte der Gegend auch. Zu erwähnen ist vielleicht, dass Ampfing stets zu Altbayern gehörte und von 1220 bis 1802 inkorporierte Pfarrei des Augustiner-Chorherrenstiftes Au am Inn gewesen ist. Wer Näheres zur Geschichte erfahren möchte, dem sei die Ortschronik von 1988 empfohlen. Sie ist im Rathaus erhältlich. Eine bedeutsame Veränderung ergab sich daraus, dass Ampfing zur Kurbayerischen Poststation wurde, als 1760 der Postwagenkurs Straßburg–München–Wien seinen Betrieb aufgenommen hat. Gemessen an den damaligen Viehpreisen musste ein Ehepaar eine Kuh verkaufen, wenn es »mit der Kutsch« nach München und wieder zurück fahren wollte. 1871 wurde Ampfing Station der neu erbauten Eisenbahnstrecke München-Neuötting.

Das schwarze Gold

Spätestens seit der Postkutschenzeit gewann Ampfing immer mehr den Charakter eines kleinen Mittelpunktes für das bäuerliche Umland. Ein neuer, entscheidender Entwicklungsschub ergab sich, als Anfang der 1950er Jahre Erdöl und Erd-

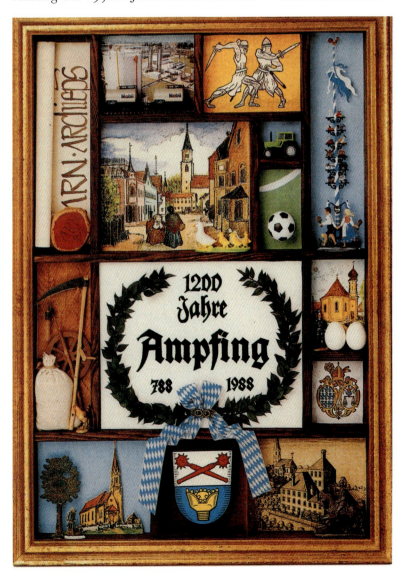

Plakat zur 1200-Jahrfeier
Erste urkundliche Erwähnung, Ritterschlacht, Ölraffinerie und Landwirtschaft, Maibaum mit Zunftzeichen und Fußball, die Ortsteile Stefanskirchen (links unten) und Salmanskirchen (rechts): Auf einen Blick ist hier vieles von Ampfing zu sehen. Im Mittelpunkt der alte dörfliche Marktplatz mit der Pfarrkirche. Schweppermann mit seiner Kapelle und den legendären beiden Eiern darf natürlich auch nicht fehlen.

Der Kirchenplatz bietet Raum für viele Aktivitäten. Auf dem Bild dient er als stimmungsvolle Aufführungsstätte des Schauspieles »Jedermann« im Rahmen der »Ampfinger Sommerabende«. Die hell erleuchtete Pfarrkirche bildet hierzu eine imposante Kulisse.

The church square provides space for diverse activities. The picture shows it being used as an atmospheric setting for the play »Everyman« as part of the Ampfing summer evening arts program. The brightly lit parish church lends an imposing backdrop.

gas gefunden wurden. Dies brachte Steuereinnahmen und Arbeit. Ein moderner Ort konnte entstehen. Das Ampfinger Wappen trägt daher als zweites Symbol einen Bohrmeißel. Anfang der 1990er Jahre siedelte sich der Marktführer von Brandschutztüren in Ampfing an, der für rund 400 Leute Arbeit bietet. Diese große Firma ergänzt die Palette ortsprägender Betriebe, allen voran ein bayernweit bekannter Landmaschinenhandel.

Tradition und Fortschritt

Das harmonische Miteinander von Traditionsbewusstsein und Fortschrittlichkeit prägt Ampfing in starkem Maße. Nirgendwo kommt dies besser zum Ausdruck als im Industriemuseum. Auf einer Freifläche am Bahnhof sind alte und neue Geräte der Energiegewinnung ausgestellt. So steht dort der Nachbau eines Windrades, ein Pumpenbock, wie er der Erdölgewinnung diente, und als Herzstück eine alte Dampfmaschine, liebevoll »Tante Erna« genannt, die in eine futuristisch anmutende Halle eingefügt ist. Der Strom für diese – und hier schließt sich der Kreis – wird durch eine Photovoltaikanlage modernster Art gewonnen.

Den Mittelpunkt des Ortes bildet die mächtige katholische Pfarrkirche St. Margaretha, urkundlich erstmals 935 erwähnt. Nach zahlreichen Umgestaltungen zeigt sich dieser »Dom des Pfarrverbands« heute in neugotischem Gepräge. Sehenswert ist die Friedhofskapelle aus dem Rokoko. Der barocke Bau der kleinen Rundkirche St. Johann Baptist im Ortsteil Wimpasing ist Sakralraum und Geschichtsdenkmal in einem. Das Deckengemälde zeigt das Schlachtengeschehen von 1322. Als die »Schweppermannkapelle« ist sie zu einem Wahrzeichen Ampfings geworden. Seit 2008 steht in Ampfing auch eine moderne evangelische Kirche, die erste Öko-Kirche Bayerns.

Ampfing zieht an

Bei aller Dynamik ist die Entwicklung in Ampfing, das heute Unterzentrum ist, ohne Brüche verlaufen. Der Ort lebt und bietet seinen mehr als 6000 Bürgern vieles. Ein ausgedehntes Sport- und Freizeitzentrum im Grünen lädt zur Ausübung vieler Sportarten ein. Der Ampfinger Fußball ist Legende. Eine Besonderheit weitum aber ist »Die grüne Lagune«.

Dieses 2001 neu geschaffene Naturbad, eingebettet in eine weite Grünanlage, bringt Wasserspaß, Naturerlebnis und Umweltschutz auf einen Nenner. Die 5000 m² große Wasserfläche ist eine Kombination von Schwimmbad und natürlichem Teich. In der kalten Jahreszeit gehört die Lagune den Eisstockschützen und Schlittschuhläufern. Und wer ein wenig Phantasie hat, der kann ein freundliches Isenmonster entdecken, das sich frech aus dem Wasser reckt. Eine nicht alltägliche sportliche Attraktion ist auch die Outdoor-Kartbahn, die auf dem Gelände

einer ehemaligen Kiesgrube angelegt wurde. Diese großzügige moderne Anlage ist Schauplatz großer Rennen und das Ziel von Kartfreunden aus ganz Deutschland.

Treffpunkt mit Ideen

Neben Geselligkeit und Sport kommt in Ampfing auch die Kultur zu ihrem Recht. Dafür sorgt der kommunale Kulturkreis. Verteilt über das ganze Jahr organisiert dieser ein populäres Programm. Die kleine Kulturwoche »Ampfinger Sommerabende« bietet unter freiem Himmel eine bunte Mischung für jeden. Im Juli findet an der Lagune der »Kocherlball« statt. In Dienstbotenkostümen der »guten alten Zeit« treffen sich dort um 5 oder 6 Uhr Frühaufsteher, um zu den Klängen einer Tanzlmusi das Tanzbein zu schwingen. Im August zieht das »Dorffest« im Ortskern alljährlich Tausende an, und im Dezember lockt der »Ampfinger Adventszauber«, der etwas andere Christkindlmarkt, Besucher aus Nah und Fern. Ja, in Ampfing, da lässt sich's leben.

Die Dorfkernsanierung hat die »gute Stube« in der Ortsmitte noch wohnlicher gemacht, und weit verzweigte Rad- und Wanderwege laden zu Ausflügen in jene bezaubernde Umgebung ein, als deren Herz Joseph von Obernberg den Ort schon 1812 bezeichnet hatte.

Stefanskirchen

Das landwirtschaftlich geprägte Stefanskirchen liegt idyllisch im nordwestlichen Hügelland; es wurde 1972 nach Ampfing eingemeindet. Der Ortsteil, erstmals urkundlich erwähnt 788, trägt den Namen des Heiligen, dem die dortige Pfarrkirche geweiht ist. Sie zeigt sich heute als stattlicher Bau neugotischer Prägung, geht aber auf romanische Ursprünge zurück, so dass es sich bei ihr um eine der ältesten Kirchenbauten des Isentals handelt.

Hier waren auch die Waldsperger ansässig, auf deren Wappen ein Hügel mit einer darüber liegenden Kugel abgebildet ist. Diese mag wohl den Sonnenball darstellen. Eine im Isengäu bekannte Volkssage freilich hat hierfür eine ganz andere Deutung. Die Waldspergerin, so heißt es, habe einstmals in ihrem schönen Hof hoch über der Isen Knödel gekocht, große,

Industriemuseum

Im Industriemuseum erinnert ein Pumpenbock an die Erdölgewinnung. Die futuristische Halle dahinter ist mit moderner Photovoltaiktechnik ausgestattet und birgt die alte Dampfmaschine »Erna Wolf«.

Industry museum

In the industry museum a pump rack recalls the extraction of crude oil. The futuristic hall behind it is fitted with modern photovoltaic technology and houses the old steam engine »Erna Wolf«.

feste, altbairische. Beim Auftragen aber sei sie gestolpert. Einer der Knödel sei zur Hühnersteige gerollt, von dort die Anhöhe hinunter und schnurstracks in die Isen hinein. Der Fluss aber habe den Knödel noch immer nicht verdaut. Darum heißt es noch heute, wenn die Isen »wild« daherkommt oder gar über die Ufer tritt: »Jetzt stößt der Isen der Waldsperger Knödel wieder auf!«

Salmanskirchen

Als Salmanskirchen 1978 nach Ampfing eingemeindet wurde, trat ein Ortsteil mit großer Geschichte bei. Prägend war hier seit dem 13. Jahrhundert das Rittergeschlecht der Pfäffinger. Die glanzvollste Zeit begann mit Gentiflor, der das Salmanskirchner Schloss neu errichten und zusammen mit seinem Nachfolger Degenhart die Johanneskirche erbauen ließ. Die Kirche wurde 1502 eingeweiht.

Degenhart, der letzte und bedeutendste Pfäffinger, wurde Kämmerer des Kurfürsten von Sachsen. Er verkehrte mit vielen wichtigen Persönlichkeiten der Reformationszeit, u.a. mit Martin Luther, und nahm an den geistigen Auseinandersetzungen dieser Epoche teil. Zahlreiche Reisen führten ihn bis ins Heilige Land, von wo er für Salmanskirchen einen reichhaltigen Reliquienschatz mitbrachte. Laut Zuschreibung waren darin u.a. »Von Sant Anna zwei Pain und eine Haut von ihren Daumen der rechten Hand« oder Erde »Von den Acker, daraus Got den Adam gemacht hat«. Der Schatz bildete die Grundlage für eine lebhafte Wallfahrt.

Nach Degenharts kinderlosem Tod 1519 wurde Hans III. von Herzheim, sein Vetter und Statthalter, der neue Herr. Er hat seinem Vorgänger ein bedeutendes Wanddenkmal errichten lassen (s. S. 60). 1603 starb auch die Linie der Herzheimer aus. 21 prächtige Epitaphe, eine »Brüsseler Madonna« und kostbare Glasfenster in der Kirche künden von Salmanskirchens großer Zeit. Michael Wening hat um 1700 das wiederholt umgestaltete Schloss in einem Kupferstich verewigt. Ab 1825 wurde das verfallende Gebäude abgetragen.

Heute scharen sich schmucke Wohnhäuser um die geschichtsträchtige Kirche. Stattliche Bauernhöfe zeugen von ländlichem Wohlstand. Im Dorf sorgt eine große Molkerei für Arbeitsplätze.

Naturbad »Grüne Lagune«
Die »Grüne Lagune« ist das größte Naturschwimmbad in Bayern. High Tech und Ökologie sind hier vereint.

Natural swimming pool »Grüne Lagune«
The »Grüne Lagune« is Bavaria's largest natural swimming pool, combining high-tech and ecology.

DER KREUZWEG IM ISENTAL

Im stimmungsvollen Moorland zwischen Ampfing und Palmberg zieht der Kreuzweg im Isental viele Besucher an. Christen verstehen unter einem Kreuzweg den Leidensweg Jesu in Jerusalem, der schon frühzeitig von Pilgern abgeschritten wurde. Flurdenkmäler, Marterl und Kreuzwege haben im hiesigen Raum eine reiche Tradition. Der Kreuzweg im Isental, der 2005 in Trägerschaft der Gemeinde Ampfing errichtet wurde, knüpft mit einer modernen Variante daran an.

Schöpfer des Kunstwerks ist der Ampfinger Steinmetz und Bildhauer Ernst Lechner, Träger des Bundesgestaltungspreises. Auf dem oberen Teil der vierzehn etwa 1,80 m hohen Stationen aus Marmor sind die Kreuzwegszenen in Augenhöhe des Betrachters im abstrahierenden Stil des Künstlers packend wie auf einer Bühne figürlich dargestellt. Form und Gehalt sind auf das Wesentliche konzentriert. Der Kern der Aussagen tritt hierdurch umso eindringlicher hervor. »Mit Ausdrucksmitteln unserer Zeit für den Menschen unserer Zeit«, das war der Grundgedanke des Künstlers bei diesem Werk.

Der Kreuzweg beginnt in der Nähe der Isenbrücke am nördlichen Ortsende von Ampfing. Die rund 1,5 km lange Strecke führt vorbei an Wiesen und durchquert dann altes Moorland. Mächtige Baumgruppen und bizarres Gehölz säumen den Weg. Ziel und Höhepunkt des Kreuzwegs im doppelten Wortsinne ist das malerisch auf einem Hügel gelegene barocke Kirchlein in Palmberg, von dem aus sich ein weiter Blick über das Isental hinunter nach Ampfing eröffnet.

Die Vielfalt der Natur des Isentals im Wechsel der Jahreszeiten und der geformte Naturstein fügen sich zu einem geschlossenen, stimmungsvollen Ganzen. Die interessierte, oft begeisterte Rezeption des Kreuzweges reicht weit über den Kreis des Isentales hinaus. Weihbischof Haßlberger weist auf die Ganzheitlichkeit von Religion, Kunst und Natur hin, die er hier verkörpert sehe.

Der Salzburger Erzbischof Alois Kothgasser empfindet den Kreuzweg als »ungewöhnlich eindringlich«. Altabt Odilo Lechner war von dem, wie er sagt, »kraftvollen Kreuzweg« so beeindruckt, dass er Meditationstexte dazu verfasst hat, die 2008 unter dem Titel »Der Lechner-Kreuzweg im Isental« mit zahlreichen Abbildungen in Buchform erschienen sind. Das Bayerische Fernsehen hat den Kreuzweg in einem meditativen Beitrag zur Karwoche mit Abt Johannes Eckert eindrucksvoll ins Bild gesetzt.

Kreuzwegstation
Der Kreuzweg im Isental bringt Religion, Kunst und Natur in zeitgerechter Weise auf einen Nenner. Im Bild die Kreuzwegstation »Jesus begegnet den weinenden Frauen«.

Lit.: O. Lechner / E. Lechner, Der Lechner Kreuzweg im Isental, Verlagsanstalt Bayerland, Dachau 2008

»Stations of the Cross«
The Isental's »Stations of the Cross« bring together religion, art and nature in contemporary style. The picture shows the station »Jesus meets the weeping women«.

Zangberg

Heinz-Rudolf Huber

Schloss und Kloster
Das Äußere des ehemaligen Schlosses hat sich bis heute nur wenig verändert.

Palace and monastery
The outside of the former palace has undergone little change since it was built in the 17th century.

Wer das Wappen von Zangberg betrachtet, erfährt über den Ort schon einiges. Der grüne »Dreiberg« zum Beispiel zeigt die drei Ortsteile auf: Palmberg, Zangberg und Weilkirchen. Die rote Zange zeugt vom Wappen der alten Landshuter Grundherren, der Harskircher. Bekannt geworden aber ist das urkundlich erstmals 1285 erwähnte Zangberg durch sein Schloss und Kloster.

Barocke Fürstenpracht

Das 17. und 18. Jahrhundert bescherten Zangberg fürstlichen Glanz. Ein Herr mit dem langen Namen Ferdinand Maria Franz Freiherr von Neuhaus zu Greiffenfels und Ehrenhaus erbaute da ein prächtiges Schloss. In einem prunkvollen Ahnensaal ließ er den Ruhm seiner Familie, in einem Fürstensaal den Ruhm des Hauses Wittelsbach verewigen (s. S. 59). Dazu legte er einen paradiesischen Garten an mit einem »Canal, alwo mit Schiffen zu fahren ist«, mit »schöne Paßin« sowie mit »rahre Wasserwerck«.

Ihren Höhepunkt erreichte die fürstliche Prachtentfaltung in der nachfolgenden Generation unter Johann Franz Maria. Da war der legendäre »Blaue Kurfürst« Max Emanuel im Schlosse ebenso zu Gast wie später Kaiser Karl VII. Nach dem Aussterben der Neuhaus ging es dann jedoch mit Zangberg zunächst bergab.

Das Töchterinstitut

Eine neue Blütezeit begann, als 1862 die Salesianerinnen von Dietramszell das Schloss erwarben und ein Pensionat errichteten. Die »Höhere Töchterschule der Salesianerinnen auf Zangberg« genoss besonders in Adelskreisen einen exzellenten Ruf. Prinzessinnen wie Zita, die spätere Kaiserin von Österreich, erwarben hier ihre Bildung. Da ging es vornehm zu. Zur Übung der Fremdsprachen war den jungen Damen die Unterhaltung an den

Werktagen nur auf Englisch oder Französisch erlaubt. Und spazieren gehen durften sie nur mit Hut und Handschuhen. Annette von Aretin, bekannt von Funk und Fernsehen, erinnert sich in ihren Memoiren an die wöchentliche »Anstandsstunde«, der sie die Beherrschung des Hofknickses verdanke.

Nuntius Pacelli, der spätere Papst Pius XII., nahm in Zangberg wiederholt Aufenthalt. Zum Schutz vor Übergriffen in der Zeit der Räterepublik war das Kloster sein Refugium. Mittlerweile haben die rund 20 verbliebenen Schwestern aus dem Kloster ein beliebtes Tagungshaus mit etwa 85 Plätzen gemacht. Kulturfreunde kommen gerne zu den Klassikkonzerten in das feine Ambiente des Ahnensaals.

Ein kleiner Spaziergang

Wer die 1868/1869 errichtete Kirche Herz Jesu besichtigt hat und nach rechts hin das Klostergelände verlässt, kann einen idyllischen Spaziergang entlang dem Park unternehmen. Geht man an dessen Ende ein Stück geradeaus weiter, gelangt man zur alten, später barock ausgestatteten Kirche St. Georg des Ortsteils Weilkirchen. Etwas weiter oberhalb steht der markante »Römerturm«, der auf einen Wachturm aus der Römerzeit zurückgehen soll. Das »Thurnerhaus« unmittelbar daneben ist das wohl älteste ländliche Wohnhaus im Landkreis. Es ist ganz aus Holz erbaut. Der weitere Weg führt entlang dem südlichen Ortsrand durch das Tal, bis es hinaufgeht zum Palmberger Kirchlein St. Peter und Paul, erbaut um 1690/1700. Von dort eröffnet sich eine herrliche Aussicht ins Isental, in dessen Hintergrund sich bei Föhn die Alpenkette zeigt. Diesen Blick hat auch der Dichter Martin Greif (1839–1911) sehr geschätzt, der auf seinen Wunsch hin im Palmberger Friedhof die letzte Ruhestätte fand. Zu Lebzeiten war Greif ein bekannter Dramatiker und Lyriker, der oft im Isental weilte.

Mit seinen rund 1100 Einwohnern ist Zangberg eine noch ländlich gebliebene Gemeinde. Die Ortskernsanierung hat erheblich zur Attraktivität des Dorfes beigetragen. Zangberg erweist sich nun als ein geschichtsträchtiger, wohnlicher Ort mit beachtlichem Bevölkerungswachstum in den letzten Jahren.

Palmberg

Das Palmberger Kirchlein St. Peter und Paul liegt idyllisch auf einer Hügelkette. Von dort eröffnet sich ein weiter Blick über das Moor ins Isental, wo auch der Kreuzweg verläuft.

Palmberg

The church of St. Peter and Paul in Palmberg nestles idyllically in a chain of hills, affording a wonderful view across the moor into the Isental and the »Stations of the Cross«.

Mettenheim

Angelika Zahn

Das uralte Bauerndorf Mettenheim wird um 790 nach Chr. das erste Mal im Salzburger Besitzmittelverzeichnis urkundlich erwähnt – besiedelt wurde das Gemeindegebiet aber schon Jahrhunderte zuvor. Der Fund von Tonscherben und einer Steinaxt beim Bau der Autobahn belegt, dass sich hier schon viel früher Menschen niedergelassen haben. Auch »blaues Blut« hatte seinen Sitz in Mettenheim: Mit Bertholdus und Friedericus von Mettenheim wird im 12. Jahrhundert ein Adelsgeschlecht schriftlich bezeugt, aus dessen Linie viele Ministerialen der Erzbischöfe von Salzburg stammen. Die letzte große Ritterschlacht fand in diesem Gebiet statt: Die Männer Ludwigs des Bayern traten hier am 28. September 1322 dem Heer Friedrichs des Schönen auf dem Schlachtfeld entgegen.

Schwere Zeiten hatten die Mettenheimer während des Dreißigjährigen Krieges zu überstehen: Hunger, Pest und Seuchen machten vor dem kleinen Dorf im Isental nicht halt. Im Jahre 1800 passierten die Truppen des französischen Kaisers Napoleon plündernd das Dorf. Das dunkelste Kapitel in der Geschichte Mettenheims ist jedoch die Zeit des Zweiten Weltkriegs, als hier in einem Außenlager des Konzentrationslagers Dachau über 1300 Menschen den Tod fanden (s. S 111).

Gelebte Kultur

Zu Recht stolz ist man im etwa 3300 Einwohner zählenden Mettenheim auf den im Oktober 2007 eröffneten Kulturhof. Im aufwendig renovierten Westgebäude des ehemaligen Fliegerhorsts kann der

Altes Bauerndorf
Stattlicher alter Bauernhof gegenüber der Pfarrkirche St. Michael in Mettenheim.

Old farming village
A superb old farmyard opposite the parish church of St. Michael in Mettenheim.

kleine Ort demonstrieren, dass auch auf dem Land Interesse für kulturelle Veranstaltungen besteht. Ein 200 Personen fassender Saal mit Bühne, einem Musikraum, einer Küche und Übungsräumen bieten genug Platz. Galaabende, Theateraufführungen der Mettenheimer Volksbühne, ein Adventsmarkt oder die Auftritte von regionalen und überregionalen Künstlern finden hier einen schönen passenden Rahmen.

Bedeutende Engelskirche

Die Pfarrkirche St. Michael, ein imposanter Bau, überragt mit ihrem 56 Meter hohen Doppelzwiebelturm Mettenheim und ist durch ihren Status als Engelskirche auch überregional von Bedeutung. Das barocke Gotteshaus, das unter dem Pfarrer Johann Baptist Didutsch von 1717 bis 1719 entstand, wurde zu einer Zeit erbaut, als die Engelverehrung in Bayern ihren Höhepunkt erreicht hatte. Weltweit einzigartig ist die St.-Michaels-Kirche von Mettenheim wegen der Ausrichtung des gesamten theologischen Programms des Kirchenbaus auf die Engel hin. Er beherbergt in seinem lichtdurchfluteten Innenraum acht lebensgroße Engelsplastiken, die bis heute mehrmals überarbeitet wurden: Raphael, Michael, Gabriel, Sealtiel, Jehudiel, Barachiel, Uriel und Abdiel. In ihren Händen halten sie Attribute, wie ein Körbchen mit Rosen, ein Gebetbuch oder eine Krone. Dem Seligen Amadeo da Silva wurden um 1460 die Namen dieser Engel offenbart und er schrieb sie in seinem Werk *Apocalypsis Nova* nieder. In keiner anderen heute noch bestehenden Kirche sind diese Engel als Plastiken dargestellt.

Auch die Deckenfresken zeigen den wirksamen Beistand und die Erscheinung der Engel, wie sie in der Heiligen Schrift geschildert werden. Der Hochaltar wird beherrscht von der Darstellung des Namensgebers der Kirche, dem Erzengel Michael. Bewaffnet mit einem Flammenschwert und einem Schild, das das Kreuz der Sankt-Michaels-Bruderschaft ziert, kämpft er gegen Luzifer und dessen Anhang.

Von Interesse für die Liebhaber alter Musikinstrumente: Die Orgel der Pfarrkirche mit 624 Pfeifen, zehn Registern und Orgeldisposition zählt zu den ältesten Orgeln Bayerns.

Es war nicht zu verhindern, dass das ursprüngliche Geläut der Sankt-Michaels-Kirche während der Nazizeit eingeschmolzen wurde. Nur eine eilends angefertigte Schallplattenaufnahme zeugt noch von dessen wertvollem Klangbild. Die fünf Glocken, die die Mettenheimer heute läuten hören, stammen aus dem Jahr 1951.

Bemerkenswert ist auch der Pfarrhof aus dem frühen 18. Jahrhundert. Die Stuckdecke mit großem Michaelsrelief und ein barocker Kachelofen sind besondere Schmuckstücke.

Kirchenpatron St. Michael
Der Namensgeber der Kirche als eine von acht lebensgroßen Engelsplastiken in der Mettenheimer Kirche.

St. Michael's church
The patron saint as one of eight life-size angel sculptures in the church in Mettenheim.

Erharting

Mariele Vogl-Reichenspurner

Die letzte Ritterschlacht
Grabungsfunde belegen, dass die letzte Ritterschlacht auf deutschem Boden 1322 bei Erharting ausgefochten wurde. Die lokale Brauerei wirbt mit dem Ritter.

Das um die 1000 Einwohner zählende Dorf am Fuß der bewaldeten Hügelkette, die das Isen- und Inntal säumt, weist eine lange und markante Geschichte auf. Funde aus der Jungsteinzeit zeugen von der Existenz des Ortes bereits 3000 Jahre vor Christus (s. S. 44) und weitere wie Fibeln, Pfeilspitzen aus Bronze, sieben Hügelgräber und drei Keltenschanzen weisen auf eine Besiedlung in der Bronze- und Keltenzeit hin. Vier Kilometer südlich von Erharting verlief eine Römerstraße. Nach der Christianisierung des Inn- und Isengaus von Salzburg aus ging Erharting 718 n. Chr. als Schenkung an das Kloster St. Peter in Salzburg. Bis zum Jahr 1803 gehörte der Ort kirchlich zu Salzburg. In seiner langen Geschichte waren die bedeutendsten Ereignisse die Aussöhnung zwischen Herzog Heinrich von Bayern (Niederbayern) und dem Erzbischof, dem Domkapitel, den Ministerialen und dem Volk von Salzburg, dokumentiert 1275 als »Der Erhartinger Friede«, sowie 1322 die letzte Ritterschlacht ohne Feuerwaffen auf deutschem Boden, die fälschlicherweise als »Schlacht von Ampfing« in die Geschichte einging.

Eine sehr lange Tradition hat hier auch das Gast- und Braugewerbe. Schon 1322 gab es eine Gastwirtschaft mit einem gegenüber der heutigen Brauerei Röhrl gelegenen »Schafstall«, in dem am 20. Juli 1275 auch der Erhartinger Friede geschlossen worden sein soll. Ein Juwel der Rokokozeit ist die den Ort an der Isen prägende Pfarrkirche St. Peter und Paul.

Der Dornberg und die Ritterburg

Nördlich von Erharting ist ein Teil des bewaldeten Höhenrückens der Dornberg. Dort stand einst eine mächtige Ritterburg. Auf dem Dornberg herrschten die Grafen von Dornberg, danach saßen dort Salzburger Ministeriale, und zuletzt war die Burg Urbarbesitz des Erzstifts Salzburg. Besitzerwechsel, Zerstörung und Wiederaufbau kennzeichnen die Geschichte der Ritterburg. Als der Inn- und Isengau 1817 vom Erzbistum Salzburg getrennt wurde, kümmerte sich niemand mehr um den einst so bedeutenden Rittersitz, auf dem auch der Verlierer der Ritterschlacht von 1322, Friedrich der Schöne von Österreich in der Nacht vom 28. auf 29. September gefangen gehalten wurde. Die einst so mächtig auf dem Berg thronende Burg verfiel zusehends.

Der Erhartinger Stephaniumritt

In Bayern sind viele Umritte durch Gelöbnisse anlässlich der Verschonung von Krankheit bei Mensch und Tier entstanden, aber auch aus Dankbarkeit gegenüber dem Pferd als Arbeitstier. Der Erhartinger hat im Gegensatz zu den Pferdeumritten in der Region einige Besonderheiten. So findet er am Namenstag des Schutzpatrons der Rosserer und der Fuhrknechte, am Stephanitag, also am zweiten Weihnachtstag und damit mitten im Winter, statt. Zudem werden zwischen den Reitergruppen und Musikkapellen auch Motivwagen mit der Darstellung von Szenen aus dem Leben der in der Gegend verehrten Heiligen oder aus dem weihnachtlichen Geschehen mitgeführt.

Eine Besonderheit sind auch die prächtig gewandeten Heiligen Drei Könige hoch zu Ross mit ihrem Gefolge, die seit Jahren der »Liederkranz« aus dem benachbarten Töging stellt. Bereits im 16. Jahrhundert gab es im nahe gelegenen Ort Frixing am Tag des hl. Stephanus ein feierliches Hochamt und danach ein Pferderennen. Erst 1809, als die Frixinger Kirche abgerissen und das Altarbild in die herrliche Rokokokirche nach Erharting kam, entstand hier der Stephaniumritt. Wegen der Technisierung in der Landwirtschaft fehlte es mehr und mehr an Pferden und der schöne Brauch drohte Ende der 1950er Jahre auszusterben. Nach 25 Jahren Pause erweckte ihn im Jahr 1981 ein engagierter Erhartinger Bürger zu neuem Leben. Der von Sepp Vorbuchner gegründete Brauchtumsverein organisiert und finanziert seither den über einen Kilometer langen prächtigen Umzug mit bis zu 200 Pferden und Reitern, Motivwagen, Musikkapellen. Für Besitzer von Kaltblütern oder Friesenpferden, eleganter Reitpferde, Ponys oder Eseln ist es eine Ehre, an diesem Pferdeumritt mitzuwirken.

Stephaniumritt

Petrus (rechts) und links (mit Schwert) Paulus, die Patrone der Erhartinger Rokokokirche, beim Umritt im Dezember 2007. Traditionell wird den Kirchenpatronen beim Umzug ein Motivwagen zur Verfügung gestellt.

Procession of the saints

The picture shows St. Peter on the right and St. Paul on the left (with sword) – the patron saints of the Rococo church of Erharting during the procession in December 2007.

Engfurt

Mariele Vogl-Reichenspurner

Engfurter Mühle
Von links nach rechts: das 1911 erbaute Elektrizitätswerk, die ursprüngliche Mühle, die 1936 erbaute Kunstmühle, die Klausenkirche und hoch über der Steilwand die »Alm«, eine Blockhütte, die den Grafen Toerring-Jettenbach als Jagdhütte diente.

The Engfurt mill
The electrical power plant built in 1911, the original mill, the modernised mill built in 1936, the Klausenkirche church and – high above the cliff face – the »Alm«, a wood cabin which Count Toerring-Jettenbach used as a hunting lodge.

Malerisch in einer Schleife der Isen liegen Mühle, Wohnhaus und Klausenkirche von Engfurt. Am Ufer gegenüber steht der alte herzogliche Amtshof mit dem gut erhaltenen Herrenhaus und der alten Taverne. Eine von der Isen im Laufe der Jahrhunderte ausgewaschene Sandsteilwand verleiht dem Ensemble eine markante Kulisse. Eine Mühle an diesem Ort wird im Jahr 1300 erstmals erwähnt, jedoch dürfte hier schon zwei bis drei Jahrhunderte zuvor eine Mühle betrieben worden sein. Egenfurtner und später Engfurtner sind als Besitzer mit herzoglichem Urbar und als Mühle mit ganzem Mahlrecht genannt, ab 1737 tauchen andere Besitzernamen auf. Die Müller und Wirte zu Engfurt hatten als Kastenbereiter für das herzogliche Kastenamt in Burghausen Sonderrechte. Der noch vorhandene turm- und torbewehrte Hof, heute der beliebte Biergarten der Gastwirtschaft, erinnert an das frühere herzogliche Kasten- sprich Steueramt. Anfang des 20. Jahrhunderts wurde der mehrere hundert Hektar große Besitz zertrümmert, die Hälfte des Amtshofs mit Herrenhaus, Stallgebäude und Mühle erwarb 1908 Müllermeister Josef Reichenspurner, die andere Hälfte mit Gasthaus und Biergarten ging an die Brauerei Erharting, den größten Teil der Äcker und Wiesen erwarben Bauern der Umgebung. Josef Reichenspurner erbaute 1911 das erste Kraftwerk in der Gegend, mit dem er die 1931 errichtete moderne Kunstmühle und sein Sägewerk auf der gegenüberliegenden Seite der Isen mit Strom versorgte. Schicksal der Müller von Engfurt waren im Laufe der Jahrhunderte immer wieder schwere Hochwasser. Besonders hart war die Familie Reichenspurner im Juli 1954 betroffen, als E-Werk, Mühle und Sägewerk zerstört und der Pfeiler der

privaten Brücke über die Isen unterspült wurde, der seither einen Knick hat. Die modernisierte Kunstmühle musste 1963 wegen der Konkurrenz durch die Industriemühlen stillgelegt werden, ein Teil des Gebäudes dient heute Wohnzwecken. Wegen der Hochwassergefahr durfte das Sägewerk nicht erweitert, sondern musste in den 1970er Jahren an eine hochwasserfreie Stelle ausgesiedelt werden.

DIE ENGFURTER KLAUSENKIRCHE

Am Hochufer der Isen, am Häubelberg, steht ein spätbarockes Juwel: die Kirche zur hl. Dreifaltigkeit mit eingebauter Klause. Der Müller von Engfurt, Friedrich Engfurter, ließ sie 1718 errichten, nachdem er ihre tiefer am Isenufer gelegene Vorgängerin 1711 wegen ständiger Überschwemmungsgefahr hatte abbrechen müssen. Der Bischof von Chiemsee und Salzburg, Graf von Wagensperg, weihte das Kirchlein im Oktober 1720. Von den Einsiedlern in der Klause war der berühmteste Johannes Aloysius Ströhl – ein weitum bekannter Naturheilkundler, zu dem sogar Adelige und Mitglieder des bayerischen Königshauses mit ihren Leiden kamen. Von der neidischen Ärzteschaft denunziert, musste Ströhl Gefängnis und Zuchthaus erdulden. Nach seiner Entlassung unterzog er sich mit Hilfe einflussreicher Stellen einem Examen und konnte so bis zu seinem Tod 1830 Patienten, die zu ihm kamen, unbehelligt behandeln. Die letzte Bewohnerin war Therese Fußeder, die in großer Bescheidenheit und im Einklang mit der Natur bis in ihr 90. Jahr in der Klause lebte.

Müllermeister Josef Reichenspurner hatte 1922 Kirche und Klause durch Kauf vor dem Abriss gerettet. Seither hält die Familie Reichenspurner das barocke Juwel instand. 1979 wurde es mit eigenen Mitteln, der Unterstützung eines Klausen-Freundeskreises sowie staatlicher und kirchlicher Stellen umfassend saniert.

Angebot zur inneren Einkehr: »Einsiedler auf Zeit«

Die mit der Bayerischen Denkmalschutzmedaille ausgezeichnete Besitzerin, Enkelin des Retters der Klausenkirche, ist bestrebt, das Kirchlein nicht zum toten Denkmal werden zu lassen, sondern es als Stätte lebendiger Frömmigkeit zu erhalten. Höhepunkte sind Maiandachten, die Feier des Kirchenpatroziniums und der Mitternachtsmette, aber auch Familienfeiern und Konzerte. Wallfahrer nutzen auf ihrem Weg zur Gnadenkapelle nach Altötting den alten Pilger- und Kreuzweg, der zur Klausenkirche führt.

Im Frühjahr 2008 wurde die Eremitage saniert und wird nun Menschen angeboten, die inmitten der herrlichen Natur, mit Blick auf die vorbeifließende Isen, als »Einsiedler auf Zeit« für einige Wochen innere Einkehr suchen.

»Einsiedler auf Zeit«
Im Frühjahr 2008 wurde die Klause saniert. Zur Finanzierung trugen bei Benefizkonzerte, der Verkauf von Engfurter Klausenbrand, gebrannt aus Äpfeln vom großen Streuobstgarten oder Brotbackaktionen am Backhäuschen neben der Kirche. Die Klause mit ihren stuckverzierten Räumen wird »Einsiedlern auf Zeit« angeboten, die in der idyllischen Umgebung Ruhe und Erholung finden. Infos bei M. Vogl-Reichenspurner, Tel. 0160/964007.

Klausenkirche
This late Baroque church of the Holy Trinity with a built-in cell was constructed in 1718 by Friedrich Engfurter, miller of Engfurt. It is possible to rent the cell for a retreat in a perfectly unspoilt natural setting.

Winhöring

Josef Egginger

Winhöring ist die letzte Gemeinde, welche die Isen durchquert, ehe sie sich mit dem Inn vereinigt. Auf Blatt 72 des »Topographischen Atlasses des Königreichs Bayern« von 1832 sieht man das Flüsschen von Engfurt bis Steinhöring tief eingetalt zwischen den Steilhängen des tertiären Hügellands und der großen Schotterebene, die der Inn vor langer Zeit aufgeschüttet hat. Aber dann, etwa einen Kilometer vor der Mündung, tobte es sich noch ein letztes Mal aus, indem es in großen Bögen durch die Innebene mäanderte, vorbei an dem alten Adelssitz Burgfrid und weiter durch die Isenfelden, wie man im Mittelalter die Felder an der Isen nannte, die dem heutigen Bahnhofsgelände und Gewerbegebiet Eisenfelden ihren Namen abgetreten haben. Heute ist es auf seinem letzten Kilometer eingezwängt zwischen zwei eintönigen Hochwasserschutzdämmen und schleicht, oft braun gefärbt und schaumgekrönt durch eingeschwemmte Düngemittel, zögerlich dahin, als schämte es sich, in diesem Zustand bei dem großen Bruder Inn zu erscheinen.

Frühbaiwarische Ansiedlung

Der Ort Winhöring, auf dem hochwassersicheren Hochebene-Keil zwischen den Flüssen Inn und Isen liegend und erstmals im Jahre 816 als *Uuiniheringun* bezeugt, gehört zu den ältesten Ansiedlungen am Unterlauf der Isen. *Uuiniheringun* – nach den Erkenntnissen der Sprachwissenschaft und der Ortsnamenforschung bedeutet das »bei den Leuten des Winiher«, und dieser Winiher war – so wird angenommen – der Anführer einer der vielen germanischen Kleingruppen, eines Sippen- oder Gefolgschaftsverbandes, der zwischen dem 3. und 6. Jahrhundert auf

Herbstliche Impression
Kurz vor der Mündung in den Inn: Blick über die Isen zur Pfarrkirche St. Peter und Paul.

Autumnal impressions
Just before the Isen meets the Inn: the view across the river to the parish church of St. Peter and Paul.

der Suche nach günstigem Siedlungsland war, nach dem Zusammenbruch des römischen Weltreiches auch in das ehemalige Rätien eindrang und sich dann an günstiger Stelle niederließ, d.h. dort, wo Wasser und leicht bebaubares Land reichlich vorhanden waren. Solange diese Gruppen auf Wanderschaft waren, nannten sie sich nach ihren Anführern, in unserem Fall also Uuiniheringa (»Leute des Winiher«), und als sie sich dann endgültig niedergelassen hatten, wurde aus dem Wandergruppennamen der Ortsname.

Päpstliches Patrimonium

Die ersten schriftlichen Nachrichten von Winhöring aus dem 9. Jahrhundert nennen uns zwar den Ortsnamen und lassen uns damit die Gründung des Ortes rekonstruieren, aber gleichzeitig geben sie neue Rätsel auf: Der Ort Winhöring ist nämlich zu jener Zeit Eigentum des Heiligen Stuhls Petri in Rom, aber nirgends wird verraten, wie der hohe Eigentümer zu diesem Besitz gelangt ist, der eher eine Last war für ihn als eine Lust. Am glaubhaftesten ist die Vermutung, dass der Ort zusammen mit zwei anderen einem Papst zum Geschenk gemacht wurde. Herzog Theodo war im Jahr 716 in Rom gewesen, um seinem Wunsch nach einer eigenen bairischen Kirchenprovinz Nachdruck zu verleihen. Vielleicht hat er dabei eine Urkunde mitgebracht, mit der dem Heiligen Vater als Vorleistung auch Winhöring geschenkt wurde.

Bambergische Hofmark

Ganz sicher wissen wir indes, dass Papst Benedikt VIII. den offenbar lästig gewordenen Besitz weitab von Rom im Jahre 1014 dem deutschen König Heinrich II. abtrat und dafür das Königsgut Colle Calvo beim heutigen Terni/Umbrien erhielt und dass der Kaiser, der ja als Gründer und Förderer des Erzbistums Bamberg bekannt ist, das Gut Winhöring schon vier Jahre später Bamberg schenkte. Über 500 Jahre (bis 1554) blieb Winhöring im Eigentum des Domkapitels Bamberg, und dieses machte aus seinem Besitz an der Isen eine sprudelnde Quelle des Reichtums: Es erhob das Dorf zu einer Hofmark, einem Herrschaftsbezirk mit eigener Verwaltung und Niedergerichtsbarkeit, und es erwarb diesem Herrschaftsbezirk noch viele Güter hinzu. Im Jahr 1468 gehörten zur »Bambergischen Hofmark Winhöring« mehr als 300 Anwesen in 129 Dörfern, Weilern und Einöden.

Toerring-jettenbachisches Eigentum

Nach der Bambergischen Periode Winhörings, die mit der Verlehnung der Hofmark 1554 und dem späteren Verkauf endete, waren es verschiedene Adelsfamili-

Schloss Burgfrid, der Sitz der Hofmark, der alte Adelssitz, der dem heutigen Stadtteil Burg zu seinen Namen verhalf, ist heute nur noch ein stattliches Wohnhaus.

Schloss Burgfrid, the medieval aristocratic estate which gave the district of Burg its name: today it is no more than an imposing residential house.

en, die immer nur kurz im Besitz der Hofmark waren. Bis diese am 18. Mai 1717 ins freie Eigentum der verwitweten Gräfin Maria Ursula von Törring-Jettenbach überging. Und das Geschlecht derer von Törring-Jettenbach sitzt bis heute in Winhöring, obwohl es schon seit 1848 keine Hofmark mehr gibt und Toerrings Besitz in Winhöring »nur« noch in Ländereien und dem Schloss Frauenbühl besteht.

In der jüngeren und jüngsten Vergangenheit haben Winhöring und seine Ortsteile sich vor allem durch ihre Anziehungskraft als Wohnort, Gewerbestandort und

Sankt Peter und Paul
Die Pfarrkirche, ein Backsteinbau um 1450, hatte einen romanischen Vorgängerbau. Die Altäre und die jetzige Ausstattung samt Kanzel stammen aus dem 18. Jahrhundert.

St. Peter and Paul
The parish church, a brick building dating from 1450, had a Romanesque predecessor. The altars and current fittings include an 18th century pulpit.

Ausflugsziel einen Namen gemacht. Der alte Ortskern von Winhöring zieht mit dem Charme seines Erscheinungsbildes und seiner Cafés Busladungen von Ausflüglern an. An den Ortskern haben sich nach Osten und Westen große Wohnviertel angeschlossen, und in Eisenfelden ist ein ausgedehntes Gewerbegebiet herangewachsen, das vielen Firmen einen attraktiven Standort mit Auffahrt zur Autobahn A 94 gleich vor der Haustür bietet. Gewerbe und Handel haben dort übrigens schon Tradition. Eine nicht mehr existente Ziegelei produzierte dort schon seit dem späten Mittelalter Bausteine. Seit dem Bau der Eisenbahnlinie München-Mühldorf-Simbach am Inn und der Errichtung des Bahnhofs Neuötting (1871) in eben diesem Eisenfelden erwuchs dort mit Lagerhäusern, »Restauration« und Bimmelstraßenbahn nach Altötting ein Umschlagplatz für Menschen und Güter aller Art. Und 1910 entstand eine Rohrmattenfabrik, deren Gebäulichkeiten heute für andere gewerbliche Zwecke genützt werden.

So wuchs auch die Bevölkerung der Gemeinde Winhöring kontinuierlich, nach dem Zweiten Weltkrieg sogar sprunghaft an. Während um 1850 nur etwa 850 und im Jahre 1930 immerhin schon 1400 Menschen in ihr lebten, waren es 2006 schon fast 4800.

Pfarrkirche Sankt Peter und Paul

Entsprechend seiner Geschichte besitzen Winhöring und seine Ortsteile viele bemerkenswerte Bau- und Kunstwerke. Da ist zuvörderst die Pfarrkirche Sankt Peter und Paul aus dem 15. Jahrhundert. Dass an ihrer Stelle schon ein romanischer Bau gestanden war, beweisen die unteren Teile des Turms und die Westwand des Mittelschiffes sowie zwei fremdartige Gebilde, die uns vom Turm und der Sakristeiwand herab anschauen: eine hockende Steinfigur mit langem Spitzbart aus dem 12. Jahrhundert und ein starres Gesichtsrelief, das noch älter sein dürfte. Man nimmt an, dass solche Gestalten im Früh- und noch im Hochmittelalter die Aufgabe hatten, böse Geister und Gewalten vom Gotteshaus fernzuhalten. Im Kircheninneren begegnet uns ebenfalls eine Mischung aus zwei Stilrichtungen. Die dreischiffige Hallenkirche mit ihren Netzgewölben, den eingezogenen Pfeilern und vorgelegten Diensten, den Spitzbogenarkaden der Orgelempore, dem Freskenrest und dem rotmarmornen Taufstein – sie sind noch ganz der Spätgotik verhaftet. Aber die Ausstattung, die Altäre, die Kanzel, das Oratorium über dem Altarraum, die vielen Heiligenfiguren auf Altären und an Pfeilern, sie atmen in vollen Zügen das Lebensgefühl des Barocks, jener Mischung aus ausgelassenem Jubel und reuigem Vergänglichkeitsbewusstsein. Besonders ausdrucksstark sind die Figuren der beiden Apostelfürsten auf dem Hochaltar und das Altarblatt »Christus und die Samariterin« von 1764. Einer der Putti, die vom Gebälk des Altars herabschauen, hält die päpstliche Tiara in Händen und dazu das Papstkreuz mit den drei Querbalken – eine späte Reminiszenz an die einstige Abhängigkeit?

Um die Kirche herum lag im 19. Jahrhundert der kleine Friedhof, von dem nach seiner Auflassung 1892 nur noch Grabplatten an den Außenwänden der Kirche übrig geblieben sind, und die so genannte Seelenkapelle, die einst für Pfarr- und Hofmarksherren Grablege war und seit 1950 Kriegergedächtniskapelle ist.

Barocker Ökonomie-Pfarrhof

An den alten Friedhof schließt sich unmittelbar der weithin bekannte Pfarrhof aus dem Jahre 1728 an. Nachdem der Herr des benachbarten Schlosses Frauenbühl, der bayerische Kriegsminister Ignaz Felix Graf Toerring-Jettenbach, um 1720 sein Schloss in prunkvolles Barock umbauen hatte lassen, wollte der damalige Pfarrherr Georg Stadler nicht zurückstehen und schuf sich auch eine »angemessene Bleibe« mit doppelreihigen Arkaden und zwei barocken Türmchen. Bis zum Zweiten Weltkrieg war dieser Ökonomie-Pfarrhof noch landwirtschaftlich genutzt. Dann wurde er teilweise abgerissen und an der Stelle des ehemaligen Stadels ein moderner Wohnwürfel für den Pfarrer gebaut. Heute wird der alte Pfarrhof – nach aufwändiger Sanierung in den 1990er-Jahren – von Vereinen, dem Kirchenchor, den Pfadfindern, der Mutter-Kind-Gruppe und von den Kunden der Gemeindebibliothek bevölkert.

Marienwallfahrt Feldkirche

Die zweite Kirche in Winhöring ist die Feldkirche, so genannt, weil sie zur Zeit ihrer Erbauung im 16. Jahrhundert weitab vom Ortskern in den Feldern südlich vom damaligen Winhöring stand. Sie ist heute die Kirche des neuen Friedhofs, hat aber vor der Verlegung des Friedhofs hierher eine andere Funktion gehabt. Sie war eine der vielen kleinen Marienwallfahrten im Lande. Die massiv-steinerne, bemalte Muttergottesstatue aus der Zeit um 1400, die in der Mittelnische des Hochaltars steht, eine Plastik von großem Liebreiz, ist wohl das Gnadenbild gewesen. Von weither, sogar vom viel berühmteren Gnadenort Altötting, sollen die Pilger gekommen sein. Im Taufbuch der Pfarrei

Ökonomie-Pfarrhof

Der schlossartige Bau von 1728 im Stil der Inntaler Hofanlagen beeindruckt durch die zweigeschossige offene Laube mit Balustraden aus Holz und Zwiebeltürmchen. Der umfassend renovierte Komplex erfreut sich einer vielseitigen Nutzung durch die Winhöringer Bevölkerung.

Versatile rectory

This palace-type building, designed in the Inntal style, was built in 1728 and is grouped around a courtyard. The two-storey open arcade with wooden balustrades and onion turrets is especially impressive. The complex has been extensively refurbished and is now put to versatile use by the people of Winhöring.

von 1716 sind zahlreiche Miracula (Wunder) in Feldkirchen aufgezeichnet.

Burgkapelle und Schlösschen Burgfrid

Gleich zwei Schlösser hat das Gemeindegebiet von Winhöring zu bieten. Freilich, eines ist heute nur noch ein – wenn auch stattliches – Wohnhaus neben vielen anderen und war nie ein Schlossbau gewesen, der sich mit dem großen Schloss Frauenbühl messen konnte. Es steht im Gemeindeteil Burg und schaut dort von seinem Hügel, der den steilen Waldhängen vorgelagert ist, unprätentiös ins Alpenvorland hinein. Und es ist in der Tat der bescheidene Nachfolger der einstmals stolzen mittelalterlichen Burg Burgfrid, die schon im 17. Jahrhundert verfallen war. 1721 schrieb Michael Wening, der berühmte Kupferstecher: »Burgfrid aber ist gar nit mehr zu bewohnen/als welches das Alter zu einem Steinhaufen gemacht.« Der damalige Besitzer Max Joseph Freiherr von Richel ließ diesen Steinhaufen noch im selben Jahr ganz abreißen und an seiner Stelle das neue Schlössl erbauen, welches er aber nicht mehr bewohnte, da nach seiner Behauptung die »weiche Luft« (Föhn?) seiner Gesundheit schade. Einziges Relikt der mittelalterlichen Burg ist die spätgotische Burgkapelle, das heutige »Burger Kircherl«.

Barockschloss Frauenbühl

Das große Barockschloss Frauenbühl ist der heimliche Stolz Winhörings, auch wenn es nicht im Eigentum der Gemeinde ist. Sein Besitzer, der jeweilige Graf von Toerring-Jettenbach, wird von vielen alteingesessenen Winhöringern als Wohltäter verehrt. Und in der Tat haben die verschiedenen Grafen von Toerring-Jettenbach vielen Winhöringern Arbeit und Brot gegeben. Nach dem Zweiten Weltkrieg (bis 1955) stellte »der Graf« das Schloss als Altenheim und Unterkunft für Flüchtlinge zur Verfügung. Das Schloss freilich haben nicht die Toerringer gegründet, sondern vielmehr Wilhelm von Frauenhofen, der um 1400 Bambergischer Amann (Amtmann, Verwalter und Richter) in Winhöring war. Er war anscheinend mit seinem alten Sitz, dem heutigen Rathaus Winhörings, nicht mehr zufrieden, baute sich kurzerhand ein Schloss jenseits der Isen am Anstieg zum nördlichen Hügelland und gab ihm den Namen »Frauenbichl« (heute »Frauenbühl«).

Schloss Frauenbühl, seit 1717 Eigentum der Grafen Toerring-Jettenbach, wurde danach in die barocke Vierflügelanlage umgebaut, die wir heute bewundern. Besonders reizvoll ist nach der Renovierung in den 1990er Jahren der barocke »Lustgarten« mit den drei zierlichen Pavillons.

Schloss Frauenbühl passed into the hands of Count Toerring-Jettenbach in 1717 and was later converted into the four-wing Baroque construction we admire today. Since its renovation in the 1990s, the Baroque pleasure garden with its three graceful pavilions is particularly delightful.

Bei Neuötting mündet die Isen in den Inn. Blick im Abendlicht vom Holzland über den Inn und Neuötting. Im Hintergrund die Chiemgauer Berge.

The Isen joins the Inn near Neuötting. The view from the Holzland across the river Inn to Neuötting at dusk. The Chiemgau mountains can be seen in the background.

Weidelamm, Kirschgolatschen, Höhenberger Schwarzer – Einkehren im Isengau

Renate Just

In diesem faltenreichen Hügelland, wo die Sträßchen wie im Bilderbuch mäandrieren, wo man auch mit genauen Karten (Topographische Karten 1:50 000, Blätter »Dorfen« und »Mühldorf«) immer wieder auf Abwege gerät, da haben sich auch die Stätten der Gastlichkeit häufig gut versteckt. Macht nichts – so lernt man auf der Suche nach Labung, ob per Fahrrad oder motorisiert, ständig neue Fernblicke und Tälerpanoramen, abseitige Winkel und Weiler kennen, entlang der mäandrierenden Sträßchen im Abseits der drohenden Autobahnschneise.

Das **Wirtshaus Tading** liegt der Metropole München noch vergleichsweise nahe, im Westen des oberen Isentals nahe Forstern. Ein schattiger Dorfplatz mit schöner Zwiebelturmkirche, die altbayerische Wirtshausfront benachbart, der Biergarten unter alten Bäumen mit hölzernem Tanzboden gleich gegenüber. Hier sitzt man auf wettergegerbten Holzbänken, die Füße im Gras, und kann sich Saure Zipfel, Presssack, gegrillten Saibling einverleiben. In den Gaststuben, klar und gediegen mit hellen Ahorntischen, Dielenböden, Lederbänken renoviert, tischt das Wirtepaar Gilow-Kohler Ambitionierteres auf – eine bayerisch-mediterrane Küchenmelange mit Rehcarpaccio oder Provencalischem Huhn, gefüllter Tadinger Taube, Perlhuhn, Fischteller, Steinpilzravioli und Schwarzer Herrentorte, vorwiegend aus regionaler Bio-Erzeugung. Seit bald 20 Jahren bewirtschaftet das Paar das ehemalige »Brod-

manngütl«, in welchem schon der Prinzregent Luitpold 1894 »Absteigequatier« zu nehmen »geruhte«. Das Wirtshaus Tading öffnet unter der Woche um 18 Uhr, am Wochenende Biergarten und Lokal schon ab mittags.

Eine kurze Fahrt durch die dichten Wälder hinter Buch am Buchrain bringt uns in den Markt Isen, wo sich im **Gasthof Klement** ein Blick in den prachtvollen Jugendstil-Theatersaal samt opulentem Goldstuck, Säulen, Galerien unbedingt lohnt.

Das **Marktcafé Isen** liegt unweit der Kirche St. Zeno mit ihrem einzigartigen romanischen Portal, in einem schönen, breit gelagerten Erkerhaus. Bis aus München kommen die Süßschnäbel, um im freundlich-modernen Café der Konditormeisterin Silvia Hoehn französisch inspirierte, exquisite Backwaren und Patisserien zu kosten. Keine Sahnetortenschlachten hier, sondern feine, zartherbe Tartes, bretonischer Zwetschgenkuchen, zierliche Mandel- und Marzipankreationen – so unwiderstehlich, dass man sich meist noch ein Kuchenpackerl für daheim mitnimmt.

Über Lappach geht es nach St. Wolfgang, wo man gegenüber der reich ausgestatteten Kirche im **Gasthof mit Metzgerei Schex** gediegen bayerisch einkehren kann. Am schönsten sitzt man unter der spätgotischen Balkendecke der ehemaligen Gerichtsstube, wo Kalbsbries oder Ochsenbackerl, Tafelspitz und Kalbszüngerl selbstverständlich aus der eigenen Metzgerei stammen. Der »Schex« wird regelmäßig für seine schnörkellose Traditionsküche

ausgezeichnet, und im rückwärtigen Garten hat man Ruhe vorm Verkehrslärm der B 15.

In die Isenstadt Dorfen nehmen wir nicht die schnelle Bundesstraße, sondern schlängeln uns über Lappach und Lindum auf das Dorfener Stadttor zu. Noch liegt der **Gasthof Stiller Lindum** in allem Frieden in seinem Bachtal, flankiert von einer anmutigen gotischen Spitzturm-Kapelle. Doch bald könnte dieses Kirchlein zu einer Autobahnkapelle degenerieren, die unselige A-94-Trasse ist so geplant, dass sie hart an diesem Idyll vorbeischrammen würde. Das Gasthaus ist im gängigen Hellholz-Zirbelstuben-Stil renoviert, hat jedoch einen guten Ruf für seine ordentliche saisonale Küche, eigene Beerenweine und Brände.

Berühmt für seine Lage mit der Aussicht auf die bis dato unzerstörte Tallandschaft – bis zu zwanzig Kirchlein und Kapellen hat man von hier oben im Blick – ist der **Holzwirt in Holz 7,** auf einem Zwergensträßchen über Haibach zu erreichen. Auf der Terrasse des beliebten Ausflugsgasthofs, mit dem weiten, sonnendunstigen Panorama dieser »Bayerischen Toscana« vor der Nase, scheint einem das Destruktive der A 94, die hier mitten durch die Vedute sägen würde, besonders absurd und kriminell.

Die hübsche altbayerische Stadt Dorfen ist einem schon deshalb sympathisch, weil sich hier von jeher der Autobahn-Widerstand konzentriert hat; auch einkaufen und einkehren lässt es sich rund um Marienplatz, Unteren Markt, Johannisplatz recht vielfältig und angenehm. Vielleicht mit einem Buch aus der »Dorfener Buchhandlung«, einem besonders sympathischen und kenntnisreichen Provinz-Buchladen, kann man sich im Gasthaus Lebzelter im Apothekergässchen gleich hinterm Rat-

haus niederlassen, in der wohlgefällig schlichten Gaststube zu solider bayerischer Kost.

Der dominante Wailtlbräu am Marienplatz weist eine stilistisch schön renovierte, weitläufige Wirtsstube auf – Dielenboden, dunkle Täfelung, große Bogenfenster mit Sprossen und passende Schmiedeeisenleuchter. In diesem zum »Verhocken« animierenden, großzügigen Raum kommen vor allem Steaks, »Riesenschnitzel« und Pizzen auf die Tische.

Am Johannisplatz, wo sich die Isen dunkel und etwas melancholisch durch die Dorfener Altstadt zieht, liegt gleich an der Brücke mit dem heiligen Nepomuk das urban-schick gestylte Café Lipp, wo man auf der schmalen Flussterrasse allen modernen Kaffeevarianten, diversen Weinen und Champagnern zusprechen kann.

Zwei Häuser weiter ist ein Besuch im Tagwerk-Laden ein Muss. Das in Dorfen heimische, seit über zwanzig Jahren erfolgreiche Öko-Netzwerk hat hier seine zentrale Verkaufsstelle, ein reichhaltig bestückter und sehr freundlicher Einkaufsmarkt für biologische und regionale Lebensmittel bester Qualität. Hier lässt es sich für Radlfahrten oder Picknicks im schönen Isengau ideal verproviantieren, mit Obst, Käse, Yoghurt aus dem Umland, feinen nitritpökelsalzfreien Salamis, Pfefferknackern oder Honigschinken, vielleicht mit »Okara-Nussbrot« oder Biobier von der Kleinbrauerei Ametsbichler. Die Tische des kleinen Stehcafés (samt wechselnden Imbissen) sind ein Dorfener Treffpunkt, und immer donnerstags gibt es oben auf der Galerie ein vorzügliches warmes Mittagsmahl.

In der schönen Hügellandschaft nordwestlich von Dorfen haben sich in winzigen Dörfern zwei außergewöhnliche Feinschmecker-Adressen eingenistet, von solch verlässlicher Qualität, dass sie sich im ländlichen Abseits schon über viele Jahre halten konnten. Vorm weißgekalkten Restaurant Mairot in Zeilhofen parken gern auch Münchner Autos, vor dem Schlemmen lohnt ein Spaziergang über Esterndorf (mit Isentalblick) und Oberhofen, um sich dann auf der Gartenterrasse oder in der freundlichen terrakottafarben gekalkten Wirtsstube niederzulassen. Das Mairot ist benannt nach einem Vorbesitzer, seit Urgroßelterntagen aber im Besitz der

Familie Erl, den Eltern/Schwiegereltern des heutigen Betreiberpaars Claudia und Peter Müller. Schon »die Erl Maria« hatte einen schallenden Ruf für ihre leckeren Kuchen – heute serviert Peter Müller eine kreative, bodenständige Saisonküche auf hohem Niveau, Claudia Müller kümmert sich um Wein und Service. Wer sich hier einmal verlustiert hat an Linsenschaumsüppchen mit Lachsstreifen (die Portionen sind, für Gourmetlokale unüblich, von mehr als sättigenden Ausmaßen), an Leckereien vom Buchbacher Weidelamm mit Schwarzwurzeln und Polenta, an Rindfleisch-Gemüsesülze im Knusperkörbchen, an den karamelisierten Grießschnitten mit Limonen-Sauerrahm-Mousse, dazu Claudia Müllers kundige Weinkellertipps, der möchte am liebsten die ganze Karte rauf und runter probieren. Zum Glück herrscht im »Mairot« keinerlei manchmal etwas verkrampfte Feinspitz-Ehrwürdigkeit, Kinder tummeln sich, die Atmosphäre ist liebenswürdig-behaglich und entspannt.

Ähnliches gilt für den Landgasthof Forster im stillen Dorf Hörgersdorf, im nördlichen Abseits der Strecke Dorfen-Erding gelegen. Bevor man das weinlaubbewachsene Edelwirtshaus betritt, sollte man unbedingt die steilen Kirchstiegen gegenüber erklimmen: die Hörgersdorfer Barockkirche zählt zu den originellsten Dorfkirchen weithin – die notwendige Renovierung ist Ende 2008 abgeschlossen. Schon Jahrzehnte betreiben Friederike und Alois Forster (er kocht, sie backt) ihr abgelegenes Holzland-Feinschmeckerlokal (mit angenehm klaren Räumen und Sommerterrasse) ohne großes Gourmetführer-Gedöns, mit vielen Stammgästen. Die Fisch- und Meeresfrüchtevorspeisen, die saisonalen Wild-, Lamm- oder Zickleingerichte, die Menüs und raffinierten Desserts sind nicht ausgesprochen billig, aber das »Preis-Leistungs-Verhältnis«, wie es so schön heißt, ist in Anbetracht des gebotenen Gaumengenusses dann doch ein vertretbares.

Wem der Sinn nach uriger Einkehr steht, der sollte sich bei schönem Wetter in den Biergarten des Biohofs Kratzer in Neuharting bei Eibach, nördlich von Dorfen direkt am Isen-Vilstal-Radweg, begeben. Ein von Obstgärten eingewachsener alter Dreiseithof ist das, der holzumzäunte Biergarten bietet freien Blick über die nächste Kirchzwiebel und die umliegenden Hügel. Im Baumschatten werden die Kratzer'schen »Naturland«-Brotzeitteller aufgetischt, mit Schinken, Speck und Pressack, Kaminwurzen und

Knoblauchwürsten von den einwandfrei artgerecht lebenden Angusrindern und »Hauswildsauen«, einer Kreuzung aus Wild- und Hausschwein. Die würzig geräucherten Würste sind ein Gedicht, aber auch die hiesigen Edelbrände, alle aus den ungespritzten Streuobst- und Wildheckenbeständen rund

um den Hof gewonnen, laden sehr zum Durchprobieren ein, ob Kriecherl oder Vogelbeere, Birne oder Quitte. Falls kein Biergartenwetter herrscht, im Hofladen lässt sich vieles mitnehmen.

Ländlich-stilles Quartier ließe sich in dem freundlich-traditionell renovierten **Permeringer Hof** nehmen, an einem Seitensträßchen zwischen Hörgersdorf und Angerskirchen, mit Biergarten und Spielplatz allein mitten im Grünen gelegen, wo auch die Speisekarte familienfreundliche Preise bietet.

Auf dem Kratzerhof schenkt man das Bier aus Loh aus, und den **Bräu z'Loh,** in den Hügeln zwischen Isen- und Goldachtal, unsere nächste Station, muss man wirklich suchen. Südlich von Wasentegernbach schlängelt sich ein enger Hohlweg bergan in das winzige Dorf: ein paar Höfe rund um den Dorfanger, ein kleiner Traditionsbräu mit Sudhaus, der Wirt z'Loh, das ist schon alles. Die schön altmodisch getäfelte Wirtsstube mit ihren doppelten Sprossenbänken, Holztischen, rotweißen Leinenvorhängen hat nur abends und wochenends geöffnet, aber beim Bräu kann man immer ein paar Flaschen des regional hochgeschätzten Gerstensafts mitnehmen: Helles Export, Märzen, Heller Bock und Kirtabier sind bei Bierkennern besonders beliebt. Das winzige Loh hat einen recht namhaften Sohn hervorgebracht: der verschmitzt königstreue Schriftsteller und populäre Fernsehautor Georg Lohmeier wurde 1926 als jüngstes Kind des damaligen

Bräu zu Loh und Großbauern Nikolaus Lohmeier geboren. Sein heimisches Milieu hat der Lohmeier Schorsch stets hochgehalten und in etlichen realistischen, keineswegs bayerntümelnden Fernsehspielen verwertet, die noch heute unbedingt sehenswert sind: »Wer Knecht ist, soll Knecht bleiben« zum

Beispiel, »Die Überführung« (mit Karl Obermayer und Toni Berger) und »Der Pfandlbräu«. Auch seinen Achtziger hat er im Loher Familienkreis gefeiert – da war mal einige Prominenz beim Wirt versammelt.

Schwindkirchens bildschöne Rokokokirche sollte man nicht versäumen; von hier aus geht es südwärts in eine der schönsten Aussichtsgegenden des Isengaus, ins besonders kuppige und abwechslungsreiche Hügelland der Gatterberge. Traumhafte Fernblicke öffnen sich hier, an klaren Tagen südwärts bis zu den Alpen, aber auch über die Talschaften von Goldach und Isen, besonders schön vom Gehöft Hanterstett aus, über die Kapelle St. Koloman hinweg bis zu den Dächern von Dorfen. Auch dieses Panorama ist leider vom Zersägtwerden durch die A 94 bedroht. Unweit in schöner Aussichtslage liegt

der gepflegt-rustikale **Landgasthof Hinterberg,** eine gründlich überholte, ehemals einfache Landeinkehr, nunmehr ein bei Hochzeiten beliebtes Countrystyle-Etablissement mit apricotfarbenen Wänden, viel Zierkissen- und Floristikdekor. Gemütlich sitzt und speist man in der Kaminstube, wo sich ein paar heutige Rentner die hausgemachten Kuchen schmecken lassen und über ihre Computer fachsimpeln wie kennerische Halbwüchsige. Es munden aber auch die hausgemachten Blutwurstravioli mit Kraut und knusprigem Kartoffelgestrüpp, und sehr hübsch sitzt es sich sommers im arkadengesäumten Buchs- und Rosenrabattengarten. Auch neu renovierte Zimmer kann man in Hinterberg mieten – kein übles Quartier für eine längere Erkundung der Isenregion.

Schwindegg ist trotz viertürmigem Schloss ein nicht sehr ansehnliches, langgezogenes Gemeinwesen mit vielen Neubauten – der lange Zeit desolat ver-

kommene Treppengiebelbau der alten Schlosswirtschaft soll nun endlich als Gemeindezentrum reaktiviert werden. Derweil bleiben zur Einkehr nur die **Schwindegger Ratsstuben,** von außen nicht sonderlich reizvoll, aber Einheimische aus dem Umland loben die reel-

le und abwechslungsreiche Spätzle- und Bratenküche des schwäbischen Wirts und kommen immer wieder.

Ein fast perfektes Dorfidyll ist dagegen das nahe, hoch über der Isen gelegene Walkersaich. Hier gruppieren sich Höfe und Anwesen noch gassenartig um die Kirche wie auf einem alten Kalenderbild, der Dorfkern steht unter Ensembleschutz, und im einfachen Walmdachschloss, dem ehemaligen Hofmarkssitz der Puech zu Walkersaich und zum Thurm, hat sich die **Schlosswirtschaft Mooser** (Bild links) eingenistet. Bei Katharina Mooser bekommt man zwar meist nur Brotzeiten, Handwürst, Debreziner oder Wurstsalat, aber die böhmisch gewölbte Eingangshalle (in der um Weihnachten eine riesige Krippe aufgebaut wird) und vor allem die Wirtsstube mit ihren tiefen Fensterlaibungen, den Fünfzigerjahre-Holzbänken und Resopaltischen, den Schützenscheiben und vergilbten Vereinsfotos – sie haben das perfekte nostalgische Flair der Kindheits-Gaststuben jener Jahre – fehlt nur die heute fast ausgestorbene »Gassenschenke«.

Ein gewundenes Sträßchen führt ins tertiäre Hügelland nach Angering und bald nach dem Ort ein Fahrweg mit braunem Wegweiser zum **Am Vieh-Theater Schafdorn.** Dieser Einödhof in einer wiesen- und waldumsäumten Senke ist womöglich der Verweilort mit dem größten Charme der Isentalregion. Hans Reichl und Astrid Wöhrl heißen die sympathischen jungen Betreiber dieser kleinen Landbühne-mit-Biogastronomie. Hans Reichl ist der Sohn des Schafdorner Naturland-Hofs, ein schön bewahrtes Vierseitgehöft mit Glockentürmchen auf dem Dach. Vor vier Jahren haben sie mit einer kleinen Holzbühne, in den Hofweiher gebaut, und dem begrasten Theaterrondell begonnen,

ein barartig-moderner Glas- und Holzausschank kam dazu, die alte Maschinenscheune wurde zum Theaterstadel für Schlechtwetter und alle möglichen Feierlichkeiten adaptiert, seit einigen Jahren gibt es ein architektonisch höchst gelungenes, modernes Hotelchen auf dem Gelände, einen Holzbau, der sich wie alle Zubauten der Gegenwart wunderbar in die Landschaft und zum traditionellen Hof fügt. Ein buntes Veranstaltungsprogramm wird seitdem offeriert, Kabarett, Musik, Kindertheater. Neben dem Bühnenfeuer glimmt in den beiden Weihenstephan-Absolventen aber auch die Passion fürs richtig gute Essen von einwandfreier, gesunder Herkunft. Und so wird in einer edelstählernen Bankettküche allerlei Delikates vom Biohof und aus der ökologisch gesinnten Nachbarschaft verarbeitet: diverse Rindfleischspezialitäten vom eigenen Weidehaltungs-Vieh, Geflügel und Lamm, wohlschmeckende Brotzeiten und Kuchen, eigene Holler- und Apfelsäfte, Moste und erstklassige Bioweine gibt es auch. All das lässt sich von Ostern bis Oktober jeden Sonntag probieren, wenn Biergarten und Sommercafé geöffnet haben (und bei privaten Feiern). Versteht sich, dass man auf schönen Holzstühlen und nicht auf Plastikstapelware im Grünen sitzt. Am apartesten aber ist das Hotel. Die Zimmer sind von puristischer Klarheit; unbehandeltes Fichtenholz, Filz und Stahl bestimmen das gedämpfte Naturfarben-Design, schöne Granitwaschbecken und Badewannen stehen manchmal frei im Raum. In Schafdorn möchte man sofort bleiben – nicht nur im Sommer, wenn man auch in einem Pool schwimmen kann, sondern auch zur kalten Jahreszeit, Bücher lesend, durch die Landschaft wandernd – die Erdwärme-Wandheizung sorgt für Wärme und Behagen, man kann hier ganzjährig logieren.

Als Tipp für eine »normale« bayerische Dorfwirtschaft ohne ChiChi und Packerlküche empfiehlt Hans Reichl den **Gasthof Hönninger** im nahen Weidenbach; eine gestandene Fassade und angenehme Gaststube, die Küche gediegen ohne Höhenflüge.

Bei Freunden deftiger Fleischküche und großer Bratenportionen ist in Sterneck der **Gasthof Stoiber** populär – ein massiges Traditionswirtshaus in ansehnlicher Weilerlage nahe Buchbach, dessen gebackene Kalbsköpfe und gefüllte Kalbsbrüste, Sauerbraten und Grillteller kaum zu zwingen sind.

Wer dem Fleischlichen weniger geneigt ist, sollte unbedingt die **Höhenberger Werkstätten** bei Oberensbach, zwischen Velden und Buchbach, aufsuchen. Dienstags und freitags ganztägig geöffnet ist der opulente Hofladen dieser renommierten anthroposophischen Wohn- und Arbeitsstätte für Behinderte. Höhenberger Käse (vor allem jene vom Schaf) und die verschiedenen Demeter-Brotsorten genießen einen legendären Ruf und sind geradezu suchtbildend. Wer die verschiedenen Pecorinos, den »Höhenberger Schwarzen«, die »Grüne Lust«, den geräucherten Bärlauchkäs oder den Walnussbrie einmal probiert hat, ist für die Supermarktkäsetheke erst mal verloren.

Auch zur **Hofbäckerei Breiteneicher** in Bichling bei Oberbergkirchen, ein Stück ostwärts im Isenhügelland, kommen die Umlandkunden immer wieder, wenn Freitag und Samstag die handgeschriebenen Tafeln »Heute frische Backwaren« an den Zufahrten des Vierseithofs stehen. Im freundlichen kleinen Hofladen steht man öfters Schlange nach Natursauerteig- und Dinkelvollkornbroten, nach Stangerln und Semmeln, Kirschgolatschen oder Nusshörndln, Auszogenen oder Quarkstollen, die so entscheidend besser, hausgemachter, schmecken als die Massenware gängiger Backshops. Und nimmt dann noch hofeigene Eier mit, Dinkelnudeln von der Familie Genzinger, Waldhonig von den Misthilgers oder Rapsöl aus Seifriedswörth – ein Regionaleinkauf, der jedes Mal Spaß macht.

Im **Gasthof Gantenham,** zu dem man, ohne gastronomischen Wegweiser, von der Straße Oberbergkirchen-Zangberg abzweigt, ist man hingegen lange nicht mehr Gast gewesen. Dabei hat dieser Einzelhof, Familienbetrieb seit Generationen, eine schöne abseitige Lage, eine alte Stube und Gewölberäume, wie sie einem behagen. Die Abstinenz liegt daran, dass »Gantenham« heute öfters ein Schauplatz bierseligen Remmidemmis und populärer Johannisbeerweingelage ist, von Abiturfeiern oder Treffen der Katholischen Landjugend, von Jagdvereins- und Audiclub-Auftrieben, von Feuerwehrfesten und Zeltdiscos, zu denen die Feierfreudigen bis aus dem tiefsten Niederbayern anreisen. Vielleicht, wenn man Gantenham mal bei einem ruhigen »Hoagartn«, einer heimatkundlichen Veranstaltung (die gibt es auch) erwischen würde? Denn eine urige Sehenswürdigkeit ist er schon, der vielgeliebte Traditionsgasthof der Familie Sedlmayr.

Ab Ampfing ostwärts wird es mit den Einkehrmöglichkeiten entlang der Isen und ihrer Höhenzüge bedeutend dürftiger. Am **Restaurant Maier** in einer gesichtslosen Ampfinger Vorortsstraße, das mit »Plats de Poisson«, »Entremets et Glaces« die traditionelle französische Kochkunst pflegt, hat einen bisher immer das wenig attraktive Äußere abgeschreckt.

Öfters hat man da den **Huberwirt Pleiskirchen** angesteuert, eine große Traditionswirtschaft mit gelobter eigener Metzgerei, in welcher der im Münchner »Tantris« ausgebildete Junior seit einiger Zeit den Spagat zwischen Feinschmecker- und bayerischer Wirtshausküche ausprobiert, mit wechselhaften Resultaten. Da mag die Kartoffelschaumsuppe und die Kalbshaxe mit Wirsing sehr wohlschmeckend geraten, der »Rücken vom schwarzen Schwein mit Lorbeer und Vanille gebraten« dagegen reichlich zäh.

Trotzdem lohnt die Huberwirt-Küche den Weg in die nordwärtigen Hügel, während man das **Gasthaus Engfurt** wohl vor allem wegen seines wildromantischen Ambientes nahe den Isen-Windungen aufsucht. Bildschön sitzt man im burgartig eingemauerten Biergartl mit seinen Spitztürmchen, beim einheimischen Erhartinger Bier. Noch besser mundet es nach einem Spaziergang, vorbei am herrschaftlichen Jugendstil-Gutshaus, durch einen gemauerten Bogen zum verwunschenen Flussufer hinunter. Silbrig hängen die Weiden über den dunklen Wassern, das barocke Engfurter Einsiedler-Kirchlein schimmert weißgelb durch die Wipfel – ein letztes verborgenes Idyll, bevor die Isen bei Winhöring in den Inn mündet.

GASTRONOMIE ISENGAU

Die Preissymbole bedeuten:
OOO   gehobenes Preisniveau
OO   mittleres Preisniveau
O   günstig

Wirtshaus Tading, Pfarrer-Huber-Straße 4, 85659 Tading bei Forstern, Tel. 08124/7104, www.wirtshaus-tading.de, unter der Woche ab 18 Uhr, sonntags ab 11.30. Mo/Di Ruhetage. OO bis OOO

Marktcafé Isen, Bischof-Josef-Straße 6, 84424 Isen, Tel. 08083/546303, unter der Woche 11-18 Uhr, Wochenende 10-18 Uhr, Mo/Di Ruhetage. OO

Gasthaus zum Schex, Hofmarkstraße 1, 84427 St. Wolfgang, Tel. 08085/205, www.zum-schex.de , Di bis So durchgehend geöffn., Mo Ruhetag. O bis OO

Gasthaus Stiller Lindum, Lindum 3, 84405 Dorfen, Tel. 08081/537, www.stiller-lindum.de, Mi bis So durchgehend ab 11 Uhr geöffnet, Mo/Di Ruhetage. OO

Holzwirt, Holz 7, 84405 Dorfen, Tel. 08083/1274, Öffnungszeiten telefonisch erfragen. O

Gasthaus zum Lebzelter, Apothekergasse 17, 84405 Dorfen, Tel. 08081/3392, unter der Woche ab 17 Uhr, So ab Mittags, Mo/Di Ruhetage. O bis OO

Wailtl Bräu, Marienplatz 2, 84405 Dorfen, Tel. 08081/9569261, www.wailtl-gaststaette.de , ab 11 Uhr durchgehend geöffn., Di Ruhetag. OO

Café Lipp, Johannisplatz 11, 84405 Dorfen, Tel. 08081/953527, geöffnet täglich 9-1 Uhr. O bis OO

Tagwerk-Laden, Johannisplatz 7, 84405 Dorfen, Tel. 08081/544, www.tagwerk.net, unter der Woche 8-18 Uhr, Sa 8-12.30. OO

Restaurant Mairot, Zeilhofen 1, 84405 Dorfen, Tel. 08081/2034, www.mairot.de, unter der Woche ab 18 Uhr, So ab 11.30, Mi Ruhetag. OOO

Landgasthof Forster, Hörgersdorf 23, 84416 Taufkirchen/Vils, Tel. 08084/2357, unter der Woche ab 18.30, So ab 12 Uhr, Mo/Di Ruhetage. OOO

Biohof Kratzer, Neuharting 3, 84405 Dorfen, Tel. 08081/2166, www.kratzerhof.de, Hofladen Sa 9-12 Uhr und nach Verabredung, Biergarten von Mai bis September, Di bis Fr ab 18 Uhr, Sa ab 14 Uhr, So ab 11 Uhr. O

Permeringer Hof, Permering 7, 84416 Taufkirchen/Vils, Tel. 08084/503680, www.permeringerhof.de, geöffnet 17 bis 1 Uhr, Di/Mi Ruhetag, So ab 10 Uhr, O, auch preiswerte Fremdenzimmer.

Wirt z'Loh, Loh 6, 84405 Dorfen, Tel. 08082/5211, unter der Woche nur abends, So auch mittags. Bräu z'Loh nebenan durchgängig geöffnet. O

Landgasthof Hinterberg, Hinterberg 1, 84405 Dorfen, Tel. 08081/517, www.landgasthof-hinterberg.de, Mi bis So durchgehend 10-23 Uhr, Mo/Di Ruhetage. O bis OO

Schwindegger Ratsstuben, Mühldorfer Straße 56, 84419 Schwindegg, Tel. 08082/1794, Di bis So 11 Uhr bis 14.30 und 17.30 bis 1 Uhr, Mo Ruhetag. OO

Schlosswirtschaft Mooser, Walkersaich, 84419 Schwindegg, Tel. 08082/1843, Öffnungszeiten telefonisch erfragen. O

AmVieh-Theater Schafdorn, Schafdorn 1, 84419 Schwindegg, Tel. 08086/947948, www.amvieh-theater.de, Biergarten und Sommercafé So von Ostern bis Oktober ab 13 Uhr, Bewirtung bei Veranstaltungen oder auf Anfrage bei privaten Feiern. OO

Gasthaus Hönninger, Bahnhofstraße 2, 84431 Weidenbach, Tel. 08636/66113, unter der Woche abends, So auch Mittagstisch. O

Gasthaus Stoiber, Sterneck 1, 84428 Buchbach, Tel. 08086/247, Brotzeiten oder warme Küche auf Bestellung, Sa/So mittags umfangreiche Speisekarte, Do Ruhetag. O

Lebensgemeinschaft Höhenberg, Höhenberg 8, 84149 Velden/Vils, Tel. 08086/93130, http://hoehenberg.csp-design.de, Di und Fr 9-18 Uhr. OO

Hofbäckerei Breiteneicher, Bichling 2, 84564 Oberbergkirchen, Tel. 08637/7268, www.hofbaeckerei.com, Hofladen geöffnet Fr 5.30 bis 18, Sa 5.30 bis 12 Uhr. O

Gasthof Gantenham, Gantenham 1, 84564 Oberbergkirchen, Tel. 08637/324. Öffnungszeiten tel. erfragen. O

Restaurant Maier, Isenstraße 10, 84539 Ampfing, Tel. 08636/5789, www.restaurant-maier.de, Mi bis Sa ab 18 Uhr, So 12-14 Uhr, Mo/Di Ruhetage. OOO

Gasthaus Huberwirt, Hofmark 3, 84568 Pleiskirchen, Tel. 08635/201, www.huberwirt.de, Mo ab 17 Uhr, Mi bis So durchgehend geöffnet, Di Ruhetag. OO bis OOO

Gasthaus Engfurt, Engfurt 1, 84513 Töging, Tel. 08631/9902966 Tägl. ab 17 Uhr, Mi Ruhetag, Biergarten bei schönem Wetter tägl. durchgehend ab 11 Uhr geöffnet. O bis OO

Ein Fluss-Lauf: die Isen zwischen der Quelle und Dorfen

Michael Suda und Gerhard Seidl

Im letzten Jahr waren es fast 2500 Kilometer, die wir in unseren Mittagspausen, an Wochenenden durch Wälder, entlang der Isar oder durch die hügelige Landschaft des Tertiär zwischen Mainburg und Landshut gelaufen sind. Vor allem an Läufe in fremder Umgebung können wir uns sehr gut erinnern. Sei dies Freiburg, Magdeburg, Dresden, Phnom Phen, Boston, Los Angeles oder Las Vegas – in der Erinnerung haben sich viele Bilder und Stimmungen zu Eindrücken verdichtet.

Machen wir also die Probe aufs Exempel und beginnen unseren Fluss-Lauf in Pemmering – ganz in der Nähe der Isen-Quelle. Der Weg soll uns den Fluss entlang über Burgrain, Isen, Lengdorf und Au nach Dorfen führen. Auf Wegweiser wollen wir verzichten, uns im Tal bewegen und möglichst nahe am Objekt unserer Begierde bleiben.

An diesem Januartag ist es, wie der Wetterbericht sagen würde, für die Jahreszeit viel zu warm. Aus unserer Perspektive optimales Laufwetter – alles bis nach München hinein zum Greifen nahe. In **Pemmering** lassen wir unser Auto stehen. Hinunter ins Tal Richtung Buchenschachen, wo wir auf ein kleines Bachbett treffen. Bereits an diesem Punkt ein Sägewerk, das CO2-neutral mit der Wasserkraft dieses kleinen Baches aus Bäumen Bretter und Balken sägt. Nach der ersten Überquerung versuchen wir unser Glück und laufen das Bachbett entlang. Auf die Förster ist Verlass, am Ende der Wiese führt uns ein Weg durch den Wald und auf eine offensichtlich für uns gesperrte Brücke zu. Die zweite Überquerung führt uns in einen kurzen, sehr natürlich erscheinenden Abschnitt. Die Isen schlängelt sich entlang der Hangkante, eine Wiese zeugt davon, dass nicht die Natur, sondern der Mensch hier das Sagen hat. Es ist kein Haus zu sehen – das ist einmalig auf unserem Weg. Nur zu Fuß ist dieser Abschnitt zu erkunden, aber das Laufen eröffnet andere Perspektiven. Wer also die Ruhe in sich und in der Landschaft der Isen sucht, sollte den Abschnitt zwischen Buchschachen und Burgrain besuchen.

Nach **Burgrain** ändert sich das Bild. Deutlich wird das breite Bett, das der Isen einst zur Verfügung stand. Das Bett haben jedoch menschliche Interessen erobert, so bleibt der Isen nur eine Besucherritze, allerdings gesäumt mit Weiden und Eschen, was ein durchaus romantisches Flair versprüht. Das ehemalige Wasserschutzgebiet in Kay ist immer noch erkennbar und zeugt als Relikt vergangener Tage von der Tatsache, dass es früher möglich war, auch in der Nähe von Siedlungen das Lebensmittel Nr. 1 zu gewinnen. Direkt am Fluss stehen aber nur ein paar Gebäude, die auf Energiegewinnung (Mühlen und Sägewerke) ausgerichtet sind. Vor allem die landwirtschaftlichen Anwesen scheuen offensichtlich die Nähe des Flusses, was darauf hindeutet, dass dann und wann die Isen ihre Besucherritze verlässt und zeigt, wer in diesem Tal langfristig das Sagen hat. In Isen die ersten Anzeichen von Industrie – Energie und Logistik. Das ehemalige Gerberhaus verrät, dass die Isen in früheren Zeiten auch für die Entsorgung gebraucht wurde. Den Abschnitt zwischen **Buchschachen** und **Isen** erklären wir für besonders laufenswert. Die Isen erzählt hier Geschichten von alten und neuen Tagen, man kann in der Landschaft lesen wie in einem Buch. Eine Zeitreise für unsere Sinne. Das

Wappen von Isen ist alt – 450 Jahre – und das Fabelwesen wurde sicherlich aufgrund der Isen als Wahrzeichen gewählt.

In der Karte ist kein Weg eingetragen, der entlang der Isen Richtung **Lengdorf,** unserem nächsten Ziel, führt. Für den

137

geplanten Ausbau der ehemaligen Eisenbahntrasse zum Rad- und Wanderweg hat sich bis heute offensichtlich kein Sponsor gefunden. Wir werden also den Flusslauf unterbrechen und die westliche Hangkante erklimmen. Auch die Einheimischen – alle, die wir nach dem Weg oder nach Auswegen gefragt haben, waren ausgesprochen freundlich – der Isentaler ist auch läuferischen Exoten gegenüber aufgeschlossen – konnten uns keinen rechten Weg entlang der Isen weisen. So bleibt uns nur der Weg über **Außerbittlbach** und **Innerbittlbach**. Beide Ortsnamen sind vor allem aus logopädischer Sicht interessant. Erst kurz vor Lengdorf treffen wir wieder auf die Isen, die hier ein paar mäandrierende Kapriolen vollführt. Das Wappen von Lengdorf zeigt einen Becher und eine Salzkufe. Es stammt aus den 1970er Jahren. Die Wellenlinie – hier interpretieren wir ohne empirischen Hintergrund – symbolisiert die Isen.

Wir lassen Lengdorf hinter uns und folgen wieder intuitiv dem Flusslauf ohne erkennbaren Weg. Auch hier ein kurzes Schauspiel der Natur, das die Tragik des Isentals verdeutlicht: »Die schnellste Verbindung zwischen zwei Orten ist ein Autobahnabschnitt, der schönste Weg ist ein mäandernder Flusslauf«. Was für eine Verschwendung von Raum, welchen Luxus gönnt sich hier die Isen und schlängelt sich auf engstem Raum. Hier kann man eine Ahnung von der Ruhe und der Kraft bekommen, die in diesem Fluss als raumergreifendes und raumschaffendes Wesen steckt. Auf Nebenwegen folgen wir dem Lauf der Isen – da das erste Schild, das uns zeigt, dass es noch 62 km bis zur Mündung sind. Vereinzelte Höfe, nur wenige Straßen bilden markante Punkte im Tal. Eine typische Kulturlandschaft, gegliedert durch einzeln stehende Bäume, Baumreihen und Gehölzgruppen. Wald spielt auch hier, wie im gesamten Isental, praktisch keine Rolle. Kulturlandschaft nicht ohne Reiz. Siedler und Straßenbauer haben diesen Abschnitt in früherer Zeit gemieden. Sogar die Wege weisen vereinzelt die Form der Isen auf. Sie mäandrieren – aus ökonomischer Sicht unsinnig – durch das Tal. Hier drängt sich uns eine These auf: Weil dieser Abschnitt so wenige Gehöfte und Straßen aufweist, ist er in den Fokus der Planer gerutscht, die auf der Suche nach widerstandsfreien Flächen das Isental als bevorzugte Variante für den Bau einer Autobahn entdeckt haben. Es wäre also diese geringe Erschließung, die das Schicksal dieses Raumes bestimmt. Auch diesen Abschnitt erklären wir als »besonders laufenswert«.

In der Ferne sehen wir die Kirchtürme von **Oberdorfen** und **Dorfen** und kreuzen zum 13. mal die Isen. In Oberdorfen ein Landschafts-Schaustück. Hier haben Menschen versucht, mit Bagger und Raupen ein naturnahes Schauspiel zu inszenieren und es ist ihnen gelungen. Flachwasserzonen geben hier einen Eindruck von Altwasserarmen, die in vergangener Zeit das gesamte Tal durchzogen haben. Die letzten Kilometer, die Beine werden langsam schwer, können wir auf einem Wanderweg entlang der Isen nach Dorfen laufen. Im Sommer hätten wir sicherlich ein Bad genommen und uns die letzten Meter treiben lassen. Beim Schlussspurt taucht die Befürchtung in uns auf, dass das Johanniscafe an der Ecke geschlossen sein könnte. Da – ein Schatten im Fenster – raus aus den nassen Sachen, grüß dich Peter – und bei einem Milchkaffee und einem großen Wasser ziehen wir Bilanz. Der nächste Flusslauf wartet.

Fluss-Lauf
Isen zwischen Mittbach und Dorfen, 25 km, 137 Puls, 75 Höhenmeter, 5:50 Pace, 2 Stunden 24 Minuten Laufzeit
Empfehlung: besonders laufenswert (Schwachstelle Isen–Lengdorf)

Literatur zum Isental

Angermeier, Rudolf: Isengau. Freilassing (Pannonia Verlag) 1978.

Bauer, Josef Martin: Unser Land und unsere Leute. In: Im Zeichen des Pferdes. Ein Buch vom Landkreis Erding, hg. vom Landkreis Erding. Erding 1963, S. 7 – 13.

Brenninger, Georg: Die Kirchen der Pfarrei Dorfen (Schnell & Steiner-Kunstführer Nr. 65). München-Zürich 2004 (4. veränderte Auflage).

Brenninger, Georg: Die Kirchen im Pfarrverband Isen. Isen (Nußrainer) 1997.

Dehio, Georg: Handbuch der Deutschen Kunstdenkmäler, Bayern IV: München und Oberbayern. München (Deutscher Kunstverlag) 2006 (3. aktualisierte Auflage.)

Gemeinde Lengdorf (Hg.): Lengdorf 1090 – 1990. Bilder – Dokumente – Erinnerungen aus einer Landgemeinde im Isental. Lengdorf 1990.

Gemeinde St. Wolfgang (Hg.): St. Wolfgang. Ein Gang durch die Geschichte einer Landgemeinde im Goldachtal. St. Wolfgang 1994.

Gemeinde Schwindegg (Hg.): Gemeinde Schwindegg – Bürgerinformation. Schwindegg 2003.

Gribl, Albrecht A. (Hg.): Dorfener Land in Geschichtsbildern. Das Werk des Heimatforschers Pfarrer Josef Gammel (1901 – 1959). Dorfen (Präbst) 1980.

Gribl, Albrecht A.: Unsere Liebe Frau zu Dorfen. Kultformen und Wallfahrtsleben des 18. Jahrhunderts. Dorfen (Präbst) 1981.

Gribl, Albrecht A. und Lanzinger, Wolfgang (Red.): Ende oder Wende? Säkularisation an Goldach und Isen. Dorfen (Präbst) 2003.

Hackl, Georg: St. Wolfgang bei Dorfen (Schnell & Steiner-Kunstführer Nr. 1020). München-Zürich 1974.

Heilmaier, Ludwig: Die ehemalige freisingische Herrschaft Burgrain. München 1911.

Herleth-Krentz, Susanne Margarethe und Mayr, Gottfried: Das Landgericht Erding (= Historischer Atlas von Bayern, Teil Altbayern, Heft 58). München 1997 (Auslieferung durch Lassleben-Verlag, Kallmünz).

Huber, Rudolf u. a.: Festschrift und Chronik der Gemeinde Ampfing, Ampfing 1988

Kloster Zangberg (Broschüre des Klosters). Zangberg ca. 2000.

Kuisle, Anita: 100 Jahre Meindl'sche Ziegeleien 1895 – 1995. Dorfen (Broschüre der Ziegelei) 1995.

Kupferschmied, Thomas Johannes: Der Fürstensaal in Zangberg. In: Das Mühlrad 28 (1986), S. 157 – 168.

Der Landkreis Mühldorf am Inn. Geschichte, Entwicklung und Gegenwart. Ein Heimatbuch. München 1962.

Landkreis Mühldorf am Inn (Hg.): Unser Landkreis Mühldorf am Inn. Eine Broschüre des Landkreises. Bamberg (Bayer. Verlagsanstalt) 1997.

Lohmeier, Georg: Schloss Schwindegg. In: Unbekanntes Bayern, Bd. 5: Burgen – Schlösser – Residenzen. München (Süddeutscher Verlag) 1960, S. 28 – 42.

Markt Isen (Hg.): Isen – 550 Jahre Markt. Chronik der Entstehung und Entwicklung unserer Heimat. Isen 1984.

Das Mühlrad. Beiträge zur Geschichte des Inn- und Isengaues, Hg. und Verlag: Heimatbund Mühldorf am Inn. Jahrgang 1951 – 2007.

Müller, Peter: Das Bunkergelände im Mühldorfer Hart. Hg. Geschichtsverein Heimatbund Mühldorf, 4. Aufl. 2006

Nebel, Elga: Pfarrverband Obertaufkirchen, Schwindegg, Oberornau. München (iP Kunstführer) 1997.

Ohorn, Falk: Aufruhr in der Provinz. Der Bierkrieg in Dorfen und Niederbayern im Jahr 1910 und seine Vorgeschichte. Dorfen (Präbst) 1986.

Pfeiffer, Gertraudis u. a.: Zangberg 1285–1985, Martin Weigert Verlag München 1985.

Press, Eugen: Vor- und Frühgeschichte des Landkreises Erding (= Zwischen Sempt und Isen, 2. Folge, Sonderheft). Erding 1953.

Poschmann, Heinz: Winhöring in alten Ansichten. Zaltbommel/Niederlande 1985.

Roth, Ursel: Geschichten und Gerichte aus dem Kloster Zangberg. Zangberg 2002.

Schleifer, A.: Die Schlacht bei Hohenlinden am 3. Dezember 1800 und die vorausgegangenen Heeresbewegungen. Erding 1885.

Schmöger, Josef A.: Zwölfhundert Jahre Dorfen. Festschrift zur zwölfhundertjährigen Wiederkehr der ersten urkundlichen Erwähnung Dorfens 773 – 1973. Dorfen (Präbst) 1973.

Stadt Dorfen und Historischer Kreis Dorfen (Hg.): Heimatbuch der Stadt Dorfen. Bd.1: Von der Stadterhebung bis ins 3. Jahrtausend. Dorfen (Präbst) 2006.

Stahleder, Helmuth: Mühldorf am Inn (= Historischer Atlas von Bayern, Teil Altbayern, Heft 36). München 1976 (Auslieferung durch Lassleben-Verlag Kallmünz).

Steinbichler, Josef (Red.): Die Schlacht bei Mühldorf, Hg. Heimatbund Mühldorf am Inn. 1993

Tyroller, Franz: Die Grafschaften des Isengaues. In: Oberbayerisches Archiv für vaterländische Geschichte, Bd. 80 (1955), S. 45 – 102.

Wanka, Reinhard: Mettenheim – Geschichte einer Landgemeinde. Mettenheim 1993

Weber, Josef (Hg.): Inn-Isengau. Watzling 1923 – 1934.

Die Autoren

Braunhuber, Hans, Schwindegg, Gemeindeverwaltung Schwindegg

Dittlmann, Arthur, Dorfen, Redakteur beim Bayerischen Rundfunk

Egginger, Josef, Winhöring-Burg, Oberstudiendirektor i. R.

Gribl, Albrecht A., Dr., Volkskundler, Hauptkonservator bei der Landesstelle für die nichtstaatlichen Museen in München

Härtel, Reinold, Isen, Gymnasiallehrer, Kirchenmusiker und Heimatforscher

Hartl, Andreas, Stadtverwaltung Dorfen, Autor zahlreicher Veröffentlichungen zur heimischen Fischfauna

Heyn, Hans, Bad Aibling, Buchautor, Kulturredakteur i. R., Oberbayerisches Volksblatt Rosenheim

Hubensteiner, Benno, Prof. Dr., † Neumarkt St. Veit, Historiker, Direktor des Bayerischen Fernsehens

Huber, Heinz-Rudolf, Rechtsanwalt, Sprecher Kommunaler Kulturkreis Ampfing

Just, Renate, Schönberg, Journalistin (DIE ZEIT) und Autorin der Reisebuchreihe »Krumme Touren-Reisen in die Nähe«.

Klapp, Ulrich, Schloss Burgrain, Dipl. Physiker

Klemm-Benatzky, Dietlind, München, Journalistin

Kratzer, Hans, Velden, Redakteur, Bayern-Redaktion der Süddeutschen Zeitung

Langenscheidt, Ewald, Dr., Geologe, Geo & Natur, Rotthalmünster

Lanzinger, Wolfgang, Gymnasiallehrer, Kulturreferent der Stadt Dorfen

Müller-Kuhnhenn, Karen, Dorfen, Gymnasiallehrerin, StDin

Petsch, Peter, Schulleiter an der Volksschule St. Wolfgang i. R., Chorleiter und Organist in der Pfarrei St. Wolfgang

Rott, Rita R., Seemühle, Diplom-Geoökologin, freie Journalistin und Autorin, spezialisiert auf Umweltthemen

Seidl, Gerhard, Dipl. Ing. (FH), Freising, Bayerische Landesanstalt für Wald und Forstwirtschaft, Mitglied im Laufteam »Wald bewegt«

Suda, Michael, Prof. Dr., Mauern, Lehrstuhl für Wald- und Umweltpolitik, TU München Weihenstephan, Mitglied im Laufteam »Wald bewegt«

Vogl-Reichenspurner, Mariele, Engfurt, Redakteurin, Mühlen- und Klausenbesitzerin

Wanka, Reinhard, Dr., Kulturreferent der Stadt Mühldorf, Erster Vorsitzender des Geschichtsvereins Heimatbund Mühldorf

Zahn, Angelika, Lauterbach, Journalistin

Bildnachweis

Titelbild: Andreas Hartl
Archäologische Staatsammlung München 42, 43
Bauer, Martin 95
Bauersachs, Peter 74
Böld, Anton 20, 52, 53, 76/77, 82, 102
Boschetto, Joseph 24/25, 28, 57
Empl, Anton 27, 72, 96, 97, 133 u.
Enzinger, Markus 56
Fleischmann, Thomas 93
Frohnmeyer, Brigitte 59
Garve, Eckhard, Dr. 34
Gemeinde Ampfing 113
Gilow-Kohler, Angela 132 u.
Grätzl, Franz 131
Graf, Simon 123
Hartl, Andreas Titel, 1, 6, 8/9, 10/11, 12/13, 14/15, 19, 26, 32 u., 35, 36 (6), 37 (5), 38, 39, 40 (18), 45, 55 (2), 69, 104/105, 140
Heine, Heiner 21, 122, 125, 126
Hell, Thomas 116
Heyn, Hans 107
Holzner, Hans 63, 118, 119
Huber, Heinz-Rudolf 46, 60, 115, 117
Huber, Johannes, Dr. 29, 65
Huebner, Jürgen 67
Just, Renate 133 M., 134 M., 135 u.
Keimerl, Kurt 114
Kiebitz Buch 44, 47, 48, 50, 51, 54, 58 (2), 70, 73, 83, 85, 87, 88, 89, 90, 91, 100, 101, 103, 109, 111, 120, 121, 132 M., 132 o.,
Klapp, Ulrich 80, 81
Kratzer, Johannes 134 o.
Langenscheidt, Ewald, Dr. 22, 23 (2), Isental-Karte
Leidorf, Klaus 62, 64, 78/79, 84, 92, 108, 112, 137 u.
Magerl, Christian, Dr. 32 o.
Nolf, Markus 31
Petershofer, Adolf 71
Reichl, Hans 18, 135 o.
Schön, Walter 33
Schötz, Manfred 37 M1
Schwab, Michael, Dr. 61, 127, 128, 129, 130
Schwindegg, Gemeinde 66
Seidl, Gerhard 137 o.
Seidl, Leonhard Michael 94
Stadt Dorfen, Stadtarchiv 49, 68, 98
Vogl-Reichenspurner, Mariele 124
Wildner, Wolfram 16, 30, 99, 138
Wimmer, Franz 106 (2)
Zimmerer, Albert 86

Kartographie: Dr. Ewald Langenscheidt, Geo & Natur, 94094 Rotthalmünster

Die Heimat neu entdecken mit Kiebitz-Büchern

Das Rottal
Badekultur im traditionellen Bauernland
224 S., 210 Abb.
ISBN 3-9804048-1-1

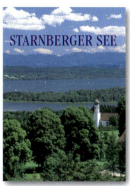

Starnberger See
Neue Sichten und Ansichten vom See
176 S., über 200 Abb.
ISBN 3-9807800-2-3

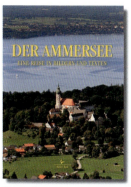

Der Ammersee
Eine Reise in Bildern und Texten
160 S., über 200 Abb.
ISBN 978-3-9807800-7-0

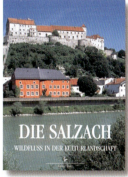

Die Salzach
Wildfluss in der Kulturlandschaft
176 S., 200 Abb.
ISBN 3-9807800-3-1

Der Gäuboden
Porträt von Bayerns Kornkammer
240 S., über 200 Abb.
ISBN 3-9804048-2-X

Die Hallertau
Das klassische Hopfenland
192 S., etwa 200 Abb.
ISBN 3-9804048-4-6

München neu entdecken
Bilder aus der Luft von Klaus Leidorf
144 Seiten, mit 144 Abb.
ISBN 3-9807800-0-7

Die Isar
Wildfluss in der Kulturlandschaft
192 S., etwa 200 Abb.
ISBN 3-9804048-5-4

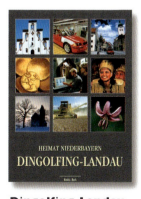

Dingolfing-Landau
Ein niederbayerischer Landkreis stellt sich vor
176 S., 180 Abb.
ISBN 3-9804048-8-9

Der Inn
Landschaften und Städte
192 S., 190 Abb.
ISBN 3-9804048-7-0

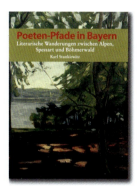

Poeten-Pfade in Bayern
Literarische Wanderungen zwischen Alpen, Spessart und Böhmerwald
160 S., 125 Abb.
ISBN 3-9807800-5-8

Register

Ampfing 70, 112 ff.
Aretin, Annette von 119
Armstorf 103
Asam-Altar Maria Dorfen 55
Außerbittlbach 89
Auwälder 26
Aventin 46, 113
Autobahn A 94, Isentaltrasse 72 ff., 105

Bachmuschel 33
Bahn 70 f.
Bajuwaren 44
Bauer, Josef Martin 18, 95
Biber 32
Buchbach 44
Burgrain 51, 65, 78 ff.

Consoni, Joseph 65

Der Rote Hanickl 94
Dillis, Johann Georg von 106 f.
Diorama, Schlacht von Hohenlinden 48
Dom von Freising 53
Domstift Freising 83
Dorfen 49, 56, 90 ff., 133
Dorfener Bierkrieg 49
Dornberg, Erharting 44, 123

Eisenbahnunglück 1899 71
Eisvogel 35
Eiszeitalter (Pleistozän) 22
Engfurt 35, 124 f., 136
Erharting 122 f.

Feichtmayer, Franz Xaver 56
Fische der Isen 38 ff.
Fledermäuse 31
Fluss-Lauf 137
Forstinning 73
Frauenornau 58
Freising 87 ff.
Frixing 71
Fugger, Die 109

Gantenham 135
Gappnigg, Valentin 80
Gatterberge 101 f.
Geologie 22 f.
Getreidemühlen 65
Giessl, Leonhard Matthäus 56
Goldach 28
Großes Mausohr (*Myotis Myotis*) 31

Großkatzbach 67
Grüngiebing 64, 106 f.
Gymnasium Dorfen 97

Haag, Grafschaft 45, 100 f.
Heilmaier, Max 87
Heldenstein 65
Hemadlenzen Dorfen 93
Hochwasser 68, 98
Hofgiebing 110
Höhenberg 134
Hohenlinden, Schlacht von 1800 48
Hubensteiner, Benno 56

Innerbittlbach 89
Isen 53, 82 ff., 132
Isen-Altwasser 29
Isengau 44

Jorhan, Christian 56
Jungsteinzeitfunde 44

Katzbacher Bach 24
Kelten 44
Kopfsburg 89
Kraiburg, Römermosaik 43
Kreuzaltar St. Wolfgang 54, 100
Kreuzweg im Isental 117
Kriechender Scheiberich
 (*Apium repens*) 34
Kunst und Architektur 50 ff.

Lacken 77
Lappach 101
Lengdorf 88 f.
Lindum 27, 75, 99, 133
Lodronhaus Mühldorf 60
Loh 134
Lohmeier, Georg 24, 104, 134

Maitenbeth 24
Maria Dorfen 55, 92
Meier, Wolfgang 110
Mettenheim 120 f.
Mimmelheim 72 ff.
Mößling 44
Mühldorfer Hart 103

Neolithikum 44
Neuharting 134
Neuhaus, Freiherren von 118 f.
Neumarkt St. Veit 71
Neuötting 131
Niedergeislbach 20

Oberdorfen 98 f.
Orientexpress 70
Ornau-Bach 45

Palmberg 119
Pfäffinger, Rittergeschlecht 60
Pferdezucht 67 f.
Pflanzenporträts 37
Pleiskirchen 136

Renaturierung 28
Rimbach 100
Ritterporträt Salmanskirchen 60
Ritterschlacht von 1322 46 f.
Romanik 53
Römer 42 f.

Salmanskirchen 60, 67, 116
Schafdorn 28, 134 f.
Schloss Armstorf 103
Schloss Schwindegg 57, 108 ff.
Schloss Zangberg 59, 118 f.
Schlosskapelle Burgrain 51 f.
Schönbrunn 102
Schwammerl 74
Schweppermannkapelle 46
Schwindegg, Schloss 57, 108 f.
Schwindkirchen 31, 56
Sing, Johann Caspar 52
St. Koloman 104 f.
St. Wolfgang 50, 100 ff., 132
Stephaniumritt 68, 123
Sterneck 135
SüdostBayernBahn 70

Tading 132
Tierporträts 36
Toerring-Jettenbach, Grafen von 61,
 124, 129 f.
Torfstich 66

Walkersaich 24, 134
Wallfahrt 55, 58, 91 ff.
Wasentegernbach 94
Watzling 88, 99
Weiher 76 f.
Wein- und Hopfenbau 63 f.
Wiesenknopf-Ameisenbläuling 33
Winhöring 61, 126 ff.
Wink, Christian 56

Zangberg 59, 118 f.
Zeilhofen 99, 133
Ziegeleien 65

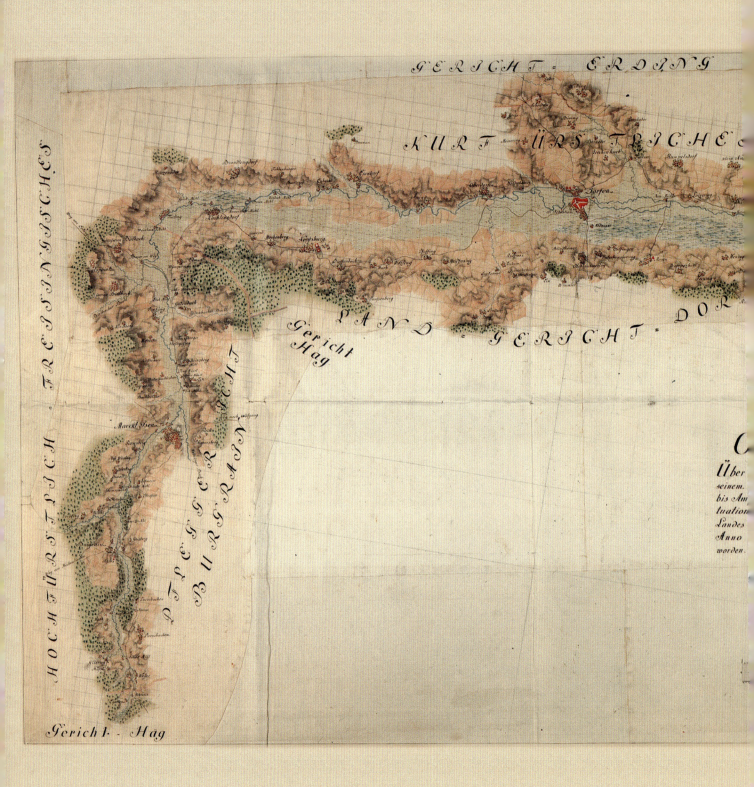